Schlösser und Burgen

in Sachsen-Anhalt

Henrik Bollmann

Schlösser und Burgen

in Sachsen-Anhalt

1 Burg und Schloss Allstedt
2 Schloss Ballenstedt
3 Schloss Bernburg
4 Schloss Blankenburg
5 Schloss Burgscheidungen
6 Die Schlösser des Dessau-Wörlitzer Gartenreiches: Schloss Georgium, Schloss Luisium, Schloss Mosigkau, Schloss Oranienbaum, Schloss Wörlitz
7 Eckartsburg
8 Burg Falkenstein
9 Burg Flechtingen
10 Burg Giebichenstein
11 Schloss Goseck
12 Schloss Hundisburg
13 Konradsburg
14 Schloss Köthen
15 Schloss Leitzkau
16 Jagdschloss Letzlingen
17 Schloss Mansfeld
18 Schloss Merseburg
19 Die Moritzburg
20 Schloss Moritzburg
21 Schloss Neu-Augustusburg
22 Schloss Neuenburg
23 Schloss Plötzkau
24 Schloss Quedlinburg
25 Burg Querfurt
26 Schloss Reinharz
27 Die Rudelsburg und Burg Saaleck
28 Schloss Stolberg
29 Burg Tangermünde
30 Schloss Veltheimsburg
31 Schloss Wernigerode®
32 Burg Wettin
33 Schloss Wittenberg
34 Schloss Zerbst

Inhalt

Schlösser und Burgen »stolz und kühn« in Sachsen-Anhalt

Deutschland – ein Land der Burgen und Schlösser. Aber wer weiß, dass Sachsen-Anhalt eine der burgenreichsten Gegenden Deutschlands ist, dass die romantischen Gemäuer hoch über der Saale, an der schmalen Unstrut und an den Ufern der Elbe zu den am besten erhaltenen zählen? Die Rudelsburg und die Burg Giebichenstein, die Neuenburg hoch über Freyburg, aber auch die Eckartsburg, dicht an der Grenze zu Thüringen, der Falkenstein im Harz oder die Burg in Tangermünde ziehen Jahr für Jahr Tausende Touristen an. Sie kommen nicht nur aus allen Bundesländern; Europa macht sich auf, die Schönheit sachsen-anhaltischer Burgen und Schlösser zu entdecken.

Diese Zeugen deutscher Geschichte sind hier so gut erhalten wie selten: prachtvolle historische Gemäuer, ihre Räume und tiefen Gewölbe, ihre lichtdurchfluteten Säle mit wertvollen Interieurs und musealen Schätzen. Auf dem Schlossberg in Quedlinburg sind der Geist des Mittelalters und die große Kunst- und Bauepoche der Romanik noch erlebbar. Auf Burg Freckleben im Harzvorland scheint die Zeit stehengeblieben zu sein. Große Kriege und Schlachten haben der Schönheit der Burg Querfurt nichts anhaben können. Schloss Reinharz liegt als barockes Kleinod inmitten der Dübener Heide.

Die Burgen und Schlösser in Sachsen-Anhalt dienen in der Regel seit Jahrzehnten nicht mehr als Wohn- und Repräsentationssitz eines Adelshauses, aber sie sind ein wichtiger und nicht wegzudenkender Teil einer über Jahrhunderte gewachsenen Kulturlandschaft. Sie prägen als markante Wahrzeichen das Bild von Städten und Regionen, und sie sind Orte, an denen Geschichte auf direkte Art erfahrbar wird, sinnlich erlebt werden kann. Der Anblick ihrer alten Mauern beflügelt die Fantasie und weckt bei so manchem die Sehnsucht nach vergangenen Epochen, in denen es scheinbar romantischer, geordneter und weniger hektisch zuging als heute. Bei aller Schwärmerei und Begeisterung für die historische Architektur darf jedoch nicht übersehen werden, dass Burgen militärische Objekte waren, dass sie der Verteidigung wie auch dem Angriff dienten, dass Schlösser Herrschaftsbauten sind, die auch aus Gründen der Inszenierung und Repräsentation errichtet wurden. Eingebettet in einen historischen Kontext, spiegelt jedes Schloss, jede Burg die politische und ökonomische Macht ihrer Erbauer, aber auch die technischen Möglichkeiten und den jeweiligen Geschmack einer Epoche wider.

Die Vielzahl und Vielfalt der Burgen an Saale, Unstrut und Elbe hat eine Ursache: Hier verlief bis zur Mitte des 12. Jahrhunderts die östliche Grenze des deutschen Reiches, die es entsprechend zu schützen galt. Sie waren auch Ausgangspunkt für die Ostexpansion des Reiches und die Missionierung der slawischen Gebiete. Die im Vergleich zu anderen Regionen ebenfalls hohe Dichte an Schlossbauten erklärt sich aus der starken territorialen Zersplitterung des Landes. Anders als in Sachsen und Brandenburg, wo mit der Mark Meißen und der Mark Brandenburg schon frühzeitig große Territorialmächte entstanden, existierten auf dem Gebiet des heutigen Sachsen-Anhalt eine Vielzahl mittlerer und kleinerer Herrschaftsbereiche, die sich mit Ausnahme der anhaltischen Ländereien nie zu einer größeren politischen Einheit ausformten. Jeder Adlige oder Grundherr wollte sich mit einer gebührenden Residenz repräsentieren.

Als besonders eifrige Bauherren erwiesen sich dabei die Fürsten und Herzöge zu Anhalt, die neben den großen Schlössern in ihren Residenzstädten Bernburg, Köthen, Zerbst, Plötzkau und Dessau auch noch eine ganze Reihe von Nebenresidenzen und Witwensitzen errichteten. Auch die Wettiner hinterließen – außer der Burg Wettin – mit ihren drei Residenzschlössern in Merseburg, Weißenfels und Zeitz sowie dem Jagdschloss Annaburg ein ebenfalls beachtliches architektonisches Erbe. Weitere regionale Adelsgeschlechter waren die Stolberger und Mansfelder Harzgrafen sowie die in der Börde und Altmark ansässigen Herren von Alvensleben.

Das Buch präsentiert eine Auswahl aus der Fülle. Dabei wurde Wert darauf gelegt, Bauwerke aus unterschiedlichen Epochen und möglichst allen Landschaften Sachsen-Anhalts zu berücksichtigen, um so den Reichtum an historischer Bausubstanz in seiner gesamten Breite zu zeigen. Neben der architektonischen Beschreibung steht vor allem auch der geschichtliche Kontext im Vordergrund, um die Leser zu inspirieren, deutsche Geschichte zu »erfahren« und eine lebendige Anschauung zu gewinnen.

Burg und Schloss Allstedt

Wo Thomas Müntzer den Fürsten predigte

In der Goldenen Aue, nur wenige Kilometer südöstlich von Sangerhausen, liegt in einer geschützten Senke der Ort Allstedt. Die günstige Lage und die hohe Qualität der umgebenden Böden führten zu einer frühen Ansiedlung, die seit der karolingischen Zeit auch schriftlich fassbar ist. Auf dem von drei Seiten von der Rohne umflossenen Bergsporn oberhalb Allstedts entstand schon im 9. Jahrhundert eine als »urbs alstediburg« bezeichnete Befestigung. Spätestens im frühen 10. Jahrhundert gelangte die Burg in den Besitz der sächsischen Liudolfinger, die sie als Königspfalz für ihre Aufenthalte in der Region nutzten. Unter den Liudolfingern, die nach der Kaiserkrönung Ottos I. auch als Ottonen bezeichnet werden, entwickelte sich die Pfalz zu einer der bedeutendsten auf dem Boden des heutigen Bundeslandes und wurde bis 1200 von nahezu allen deutschen Königen besucht. Mit der Verlagerung des Herrschaftsschwerpunktes der deutschen Monarchen vom sächsischen in den süddeutschen Raum und mit dem Ausklingen des Reisekönigtums verlor Allstedt allmählich seine herausgehobene Stellung in der Region. Zuerst noch von königlichen Reichsministerialen verwaltet, wurden das Gebiet und die Pfalz ab etwa 1300 an verschiedene regionale Adelsgeschlechter, wie die Edelherren von Querfurt und die Grafen von Mansfeld, verpfändet. 1363 erhielt das Allstedter Königsgut den Namen »Pfalzgrafschaft Sachsen« und gelangte als Lehen an die askanischen Herzöge von Sachsen. Als diese 1522 ausstarben, fiel Allstedt an die aufstrebende Dynastie der Wettiner, die bisher die Markgrafschaft Meißen innehatte. Unter den Ernestinern, einer nach Erbteilung entstandenen Teillinie der Wettiner, kam es von 1507 bis 1511 zu umfangreichen Ausbauten, bei denen die mittelalterliche Burganlage das Antlitz eines wohnlichen Renaissanceschlosses erhielt. Da der ursprüngliche Grundriss und die darauf befindliche

Burg und Schloss Allstedt von Südwesten

Gebäudeformation erhalten blieben, bekommt man heute noch einen guten Eindruck von der geradezu idealtypischen Umsetzung einer strategisch konzipierten mittelalterlichen Verteidigungsanlage. Sie besteht aus einer weitläufigen Vorburg und einer trutzigen, durch einen tiefen Graben abgetrennten Kernburg.

Im Jahr 1524 wurde das Schloss Schauplatz eines denkwürdigen historischen Ereignisses. Bei einem Besuch des ernestinischen Herzogs Johann und seines Sohnes, Kurprinz Johann Friedrich, hielt der in Stolberg geborene und in Allstedt als Priester angestellte Theologe Thomas Müntzer am 13. Juli seine berühmt gewordene »Fürstenpredigt«. Darin prangerte er scharf den sich immer mehr von den christlichen Idealen entfernenden geistlichen Stand an, und, was noch viel brisanter war, er räumte dem einfachen Volk das Recht ein, sich gegen eine ungerecht und unchristlich handelnde Obrigkeit mit Gewalt zur Wehr zu setzen. Seine Zuhörer reagierten brüskiert und vertrieben den aufrührerischen Prediger aus Allstedt. Müntzer floh daraufhin nach Mühlhausen, wo er sich den aus Süddeutschland kommenden aufständischen Bauern anschloss und zu ihrer prominenten Führungsfigur wurde. Bei Bad Frankenhausen wurden die Bauernheere am 15. Mai 1525 von einer militärischen Koalition mitteldeutscher Fürsten vernichtend geschlagen. Müntzer, den Luther wegen seiner radikalen Ansichten als »Teufel von Allstedt« bezeichnet hatte, wurde festgenommen, in der Wasserburg Heldrungen festgesetzt und schließlich vor den Toren Mühlhausens hingerichtet.

Die folgenden Jahrhunderte bis 1918 gehörte Allstedt als Exklave zu verschiedenen ernestinischen Fürstentümern. Zeitweilig als Witwensitz und später als Jagdschloss genutzt, konnte es an seine frühere Bedeutung jedoch nicht mehr anknüpfen. Ein letztes, großzügig angelegtes Umbauvorhaben wurde 1746 unter Herzog Ernst August von Sachsen-Weimar begonnen, aber nach dessen Tod 1748 eingestellt und aufgegeben. Sichtbares Ergebnis des Umbaus ist das am Eingang zur Vorburg errichtete Vorschloss mit seiner barock anmutenden Gebäudeaufteilung. Heute ist in der Burg ein Museum untergebracht, das nach Restaurationsarbeiten in den Jahren 1974/75 anlässlich des 450. Jahrestages des Bauernkrieges eingerichtet worden ist. Die Dauerausstellung widmet sich dem Reformator Thomas Müntzer, dem Wirken Goethes in Allstedt, der Bau- und Nutzungsgeschichte sowie dem Mägdesprunger Eisenkunstguss. Besonders sehenswert ist die spätgotische Burgküche, die zu den größten Europas gehört.

Die mit Bandelwerk-Stuckaturen verzierte barocke Schlosskapelle

Schloss Ballenstedt

Die Wiege Anhalts

Das kleine Städtchen Ballenstedt am Nordostrand des Harzes gehört zu den geschichtsträchtigsten Orten in ganz Sachsen-Anhalt.

Seine besondere Bedeutung liegt in der engen Verbindung mit dem Fürstenhaus der Askanier, jener Adelsfamilie, die wie keine zweite die historische Entwicklung auf dem Gebiet des heutigen Bundeslands Sachsen-Anhalts mitbestimmt hat. Der Stammherr des Adelshauses, Esico, Graf von Ballenstedt, gründete hier 1043 auf dem Schlossberg ein Kollegiatstift, das Anfang des 12. Jahrhunderts in ein Benediktinerkloster umgewandelt wurde.

Durch die Tatkraft ihrer Oberhäupter und begünstigt durch das Aussterben einer Reihe konkurrierender Adelshäuser gelang es, ihr Territorium nach Osten und Norden hin zu vergrößern und so innerhalb von drei Generationen zu einem der führenden Reichsfürstengeschlechter aufzusteigen.

Eine herausragende Rolle innerhalb dieses Expansionsprozesses spielte dabei Graf Albrecht von Ballenstedt, ein Urenkel Esicos, der als Albrecht der Bär in die Geschichte eingegangen ist. Zu seinen großen politischen Zielen gehörte es, die sächsische Herzogswürde zu erlangen, die er 1138 erwarb, allerdings schon 1142 in den Auseinandersetzungen mit Heinrich dem Löwen wieder verlor.

Das zweite große Thema im politischen Leben Albrechts des Bären war die Erweiterung seines Machtbereichs im Osten. 1147 war er maßgeblich an der Planung und Durchführung des sogenannten Wendenkreuzzugs, einer Nebenkampagne des Zweiten Kreuzzugs, beteiligt und versuchte, zusammen mit anderen sächsischen Fürsten wie Konrad von Wettin, slawische Gebiete östlich der Elbe zu christianisieren und sie tributpflichtig zu machen.

Schloss Ballenstedt – eingebettet in die malerische Kulisse des Schlossgartens mit seinen Teichen

Schloss Ballenstedt

Prächtig und in gutem baulichen Zustand präsentiert sich die Gesamtanlage aus der Vogelperspektive – im Hintergrund das nördliche Harzvorland

1157 besiegte Albrecht der Bär den Sprewanerfürsten Jaxa und brachte große Gebiete zwischen Havel und Spree unter seine Kontrolle. Die eroberten Ländereien fasste er 1157 in der Markgrafschaft Brandenburg zusammen und legte damit den Grundstein für ein politisches Gebilde, das einige Jahrhunderte später unter dem Namen Preußen zur wichtigsten deutschen Macht aufsteigen sollte.

Als Albrecht 1170 starb, hinterließ er seinen Söhnen ein ausgedehntes Herrschaftsgebiet, das große Teile Sachsens, die Nordmark und die Mark Brandenburg umfasste und die Vorherrschaft der Askanier im Bereich der mittleren Elbe auf längere Zeit sicherte. Seine letzte Ruhestätte fand Albrecht der Bär im Ballenstedter Kloster. Von der alten romanischen Klosteranlage haben sich der markante Westbau und Teile der fünfschiffigen Ostkrypta erhalten.

Im Zuge der askanischen Erbteilung kam die Grafschaft Ballenstedt an das Fürstentum Anhalt. Die Fürsten von Anhalt-Bernburg nutzten Ballenstedt zunächst nur sporadisch als Nebenresidenz. Um eine komfortablere Hofhaltung zu ermöglichen, erfolgte ab 1704 mit dem Bau des Nordflügels eine schrittweise Umgestaltung der alten Klosteranlage in ein modernes Barockschloss. Auch der Ort selbst wurde in das Umbauprogramm miteinbezogen, als man 1712 eine langgezogene, als spektakuläre Sichtachse fungierende Allee anlegte, die vom mittelalterlichen Stadtkern Ballenstedts hinauf zum Schlossberg führte.

1765 gab Fürst Friedrich Albrecht von Anhalt-Bernburg das alte Renaissanceschloss in Bernburg als Wohnsitz auf und zog nach Ballenstedt, das von nun an als Hauptresidenz des Fürstenhauses diente. Für das Harzstädtchen begann damit eine Phase der kulturellen und wirtschaftlichen Blüte. Das Schloss, das nun den Anforderungen einer dauerhaften Residenz genügen musste, wurde zügig erweitert, indem man es 1773 um einen Südflügel ergänzte. Am nördlichen Abhang des Schlossbergs entstand Ende des 18. Jahrhunderts der barocke Schlossgarten mit seinen vier terrassenförmig angelegten Wasserbecken. Der sich im Westen anschließende Landschaftspark wurde 1859 nach einem Entwurf von Peter Joseph Lenné im englischen Stil umgestaltet. Als weitere Residenzbauten, die das Ensemble funktional abrundeten, entstanden 1787 eine Reitbahn, 1788 das Schlosstheater und 1810 der herzogliche Marstall.

Im Jahr 1863 erlosch mit dem Tod des Herzogs Alexander Carl die Linie Anhalt-Bernburg. Für Schloss und Stadt endete damit die Epoche der prunkvollen höfischen Kultur, da die

Blick durch das Portal der Schlosseinfahrt

neuen Herren Ballenstedt nur noch gelegentlich für Sommer- und Jagdaufenthalte nutzten. Nach dem Zweiten Weltkrieg endete die Nutzung durch die Nachfahren der Askanier.

Die Besucher zieht es heute zur Grabstätte Albrechts des Bären oder zur Stifterfigur Uta von Ballenstedt – zum Schlossturm oder in die Krypta. Im Nordflügel kann ein Filmmuseum besichtigt werden, und seit 2018 gewährt die Ausstellung »Höfisches Wohnen« Einblicke in die Lebensbedingungen des ausgehenden 19. Jahrhunderts.

Schloss Bernburg

Wahrzeichen der Stadt mit Eulenspiegelturm

Das Bernburger Schloss, von einigen auch die »Krone Anhalts« genannt, gilt gemeinhin als die schönste unter allen anhaltischen Residenzen. In reizvoller Lage auf einem Sandsteinfelsen hoch über dem Saaleufer erhebt sich das prachtvolle Renaissanceschloss. Mit seinem Eulenspiegelturm ist es das Wahrzeichen von Bernburg.

Von der Schlossterrasse genießt man einen beeindruckenden Blick auf die in breiter Furt fließende Saale und die sanfte Hügellandschaft. Durch die strategisch besonders günstige Lage an der leicht zu querenden Saale kam es zu einer frühen Besiedlung an dieser Stelle. In Waldau, einem heutigen Ortsteil von Bernburg, versammelte sich bereits 806 ein karolingisches Heer zu einem Feldzug gegen die Sorben. Die 961 in einer Schenkungsurkunde Kaiser Ottos I. genannte Brandenburg ist wahrscheinlich mit der Bernburg gleichzusetzen. Sie bildete die Keimzelle für die Entwicklung der Stadt wie auch für die spätere Burg- und Schlossanlage. Zu Beginn des 12. Jahrhunderts gelangte Bernburg in den Besitz der aus der Gegend um Aschersleben und Ballenstedt in den Saale- und Mittelelberaum vordringenden Askanier. Die damals existierende Burganlage in Bernburg wurde im Zuge der welfisch-hohenstaufischen Auseinandersetzungen von den Anhängern des sächsischen Herzogs Heinrich des Stolzen erobert und niedergebrannt. Trotz der Niederlage verblieb Bernburg im Besitz des askanischen Grafen Albrecht von Ballenstedt – genannt Albrecht der Bär –, der die Burg wiedererrichten ließ. Von dieser romanischen Anlage des 12. und 13. Jahrhunderts haben sich Reste der Burgkapelle und der eindrucksvolle Bergfried erhalten.

1212 fiel Bernburg infolge einer Erbteilung an die neubegründete Linie der anhaltischen Askanier und gehörte fortan zu den Hauptorten ihres Herrschaftsbereiches. Nach einer erneuten Erbteilung unter den anhalti-

Erhaben thront das einstige Residenzschloss auf einem Felsen oberhalb der Saale

schen Fürsten wurde die Stadt 1603 Namensgeber und Residenz der eigenständigen Linie Anhalt-Bernburg.

Der Übergang von der mittelalterlichen Burg zum heutigen Schloss begann 1538 mit der Errichtung eines ersten kleineren Renaissance-Abschnitts, der Wolfgangbau oder auch »Leuchte« genannt wird. Der bedeutendste Schritt auf dem Weg der Umgestaltung erfolgte im Jahr 1567, als mit dem Joachim-Ernst-Bau begonnen wurde, einem mit epochetypischen Zwerchhäusern geschmückten, zweigeschossigen Gebäudetrakt, der die »Leuchte« nach Osten hin verlängerte und die

Räumlichkeiten der Bernburger Residenz beträchtlich erweiterte.

Danach folgte ab 1585 der letzte im Renaissancestil gebaute Teil des Schlosses, der Johann-Georgen-Bau, an der zur Saale steil abfallenden Westseite des Schlossgeländes. So entstand über einen Zeitraum von mehreren Jahrzehnten ein stattliches Gesamt-Ensemble. Spätere kleinere Um- und Erweiterungsbauten wie der Victor-Amadeus-Bau im Barockstil sowie die Fassadenneugestaltung des Joachim-Ernst-Baus im klassizistischen Stil brachten nur leichte Veränderungen des Baukörpers, ohne jedoch seinen Grundcharakter als typisches Renaissanceschloss zu gefährden.

Die aus kunsthistorischer Sicht defensive Baupolitik lag darin begründet, dass die Bernburger Fürsten ihr Interesse zunehmend auf die traditionsreiche Nebenresidenz in Ballenstedt richteten. Durch Übersiedlung der Bernburger Fürsten nach Ballenstedt im Jahr 1765 verlor das Schloss seine Hauptfunktion als Residenz und spielte von da an nur eine untergeordnete Rolle. Nach dem Aussterben der Bernburger Linie fiel es an die Dessauer Linie zurück, ehe diese 1918 abdanken mussten und das Gesamtherzogtum im Staat Anhalt aufging.

Frisch restauriert zeigt sich die sogenannte Leuchte an der Westfassade des Langhauses

Blick vom Innenhof des Schlosses auf die teilsanierte Fassade des Joachim-Ernst-Baus

1860 wurde mit der Errichtung eines Bärenzwingers, der auf den Namen der Stadt und das Wappentier der Bernburger Fürstenlinie anspielte, eine zusätzliche Attraktion geschaffen und besteht, nach einer Sanierung und Erweiterung des Zwingers im Jahr 1997, zur Freude vieler Besucher noch heute. Seit 1951 ist im Schloss das Bernburger Museum untergebracht, das jedoch derzeit geschlossen ist. Nach umfangreichen Baumaßnahmen und einer Neukonzeption der Dauerausstellungen wird es 2021 wieder eröffnen. Im Eulenspiegelturm werden aber weiterhin wechselnde Ausstellungen präsentiert.

Schloss Blankenburg

Bedrohte Welfenresidenz am Nordharz

Auf einem steil abfallenden Kalkfelsen thront erhaben Schloss Blankenburg über der gleichnamigen Harzstadt. Nach ihrem baulichen Untergrund, dem »blanken Fels«, benannt, war die vormalige Burg und jetzige Schlossanlage über viele Jahrhunderte Residenz der Grafen von Blankenburg. Jenes vermutlich aus Franken stammende Geschlecht erhielt 1128 die Grafschaft als Lehen und übernahm auch die kurz zuvor von dem sächsischen Herzog Lothar von Süpplingenburg errichtete Burganlage.

Als Verbündete des Welfenherzogs Heinrich des Löwen wurden die Blankenburger Grafen Ende des 12. Jahrhunderts in dessen Konflikt mit dem deutschen Kaiser Friedrich I. Barbarossa hineingezogen. Im Zuge der sogenannten »Reichsheerfahrt« Friedrichs gegen seinen Widersacher Heinrich wurde Blankenburg von kaiserlichen Truppen erobert und die Burganlage geschleift. Nach erfolgtem Friedensschluss und der Bestätigung ihres Besitzes begannen die Blankenburger Grafen unverzüglich mit dem Bau einer neuen und umfangreicheren Residenz.

Im Jahr 1546 fiel die mittelalterliche Burganlage einem verheerenden Brand zum Opfer, der einen Neubau notwendig machte. Es entstand ein vierflügeliges Renaissanceschloss mit geschlossenem Haupthof und vorgelagerten Wirtschaftsgebäuden. Die heutige äußere Gestalt des Schlosses geht im Wesentlichen auf diesen Bau zurück.

Seine kulturelle Blütezeit erlebte das Schloss erst nach dem Aussterben der Blankenburger Grafen 1599 mit dem Übergang ihres Besitzes an die welfischen Herzöge von Braunschweig-Wolfenbüttel. Blankenburg, im Dreißigjährigen Krieg stark beschädigt und kurzzeitig verpfändet, wies

Das große Schloss Blankenburg vom »Großvater« aus gesehen

der Braunschweiger Herzog Anton Ulrich seinem jüngsten Sohn Ludwig Rudolf als Residenz und eigene Herrschaft zu. Damit begann eine für Stadt und Schloss gleichermaßen glänzende Epoche, denn jenem Ludwig Rudolf war es gelungen, gleich zwei seiner Töchter in die höchsten europäischen Adelskreise zu vermählen. So heiratete eine Tochter den habsburgischen Kaiser Karl VI. und eine andere Alexei, den Sohn des russischen Zaren Peter des Großen. Die dynastische Verbindung zu zwei Kaiserhöfen ließ seine Repräsentationspflichten anwachsen. Aus diesem Grunde wurde das Schloss nach Plänen des Braunschweiger Landbaumeisters Hermann Korb von 1705 bis 1731 gründlich umgestaltet und erweitert. Ein kleineres Schloss und ein barocker Park ergänzten das Ensemble. Dieses zuerst in Fachwerk und später in Stein errichtete elegante Bauwerk mit seinem sich an den Berghang anschmiegenden Terrassengarten bezeugt, dass es keineswegs eines riesigen Baukörpers mit einem ausufernden Landschaftspark bedurfte, um den ästhetischen Ansprüchen des Barock gerecht zu werden und das besondere Flair dieser Stilepoche zu erzeugen.

Tordurchfahrt zum Innenhof der einstigen Welfenresidenz

Mit der 1731 erfolgten Rückverlegung der Residenz nach Wolfenbüttel endete die kurze Epoche einer glanzvollen Hofhaltung in Blankenburg. In der Folgezeit wurde das Schloss nur sporadisch für Sommerbesuche und Jagdaufenthalte genutzt, ehe es 1914 Herzog Ernst August von Braunschweig als Hauptwohnsitz auswählte. Nach dem Ersten Weltkrieg dankte Ernst August – als letzter regierender Monarch aus dem Adelsgeschlecht der Welfen – ab und übersiedelte ins österreichische Exil. Seine territorialen Besitzungen gingen in dem neu entstandenen Land Braunschweig auf, womit Blankenburg

Liebevoll gepflegt – das kleine Schloss Blankenburg mit Barockgarten

zu den wenigen Gebieten des heutigen Bundeslands Sachsen-Anhalt gehört, die niemals unter der Herrschaft der sonst für den Raum maßgeblichen Mächte Preußen, Anhalt oder Sachsen gestanden haben.

1930 bezog die herzogliche Familie wieder das Blankenburger Schloss, das ihnen bei der 1924 erfolgten Fürstenabfindung als Privatbesitz zugesprochen worden war. Um sich vor den anrückenden sowjetischen Truppen in Sicherheit zu bringen, verließ die Familie am Ende des Zweiten Weltkrieges den Wohnsitz endgültig. Unter Mitnahme großer Teile der Innenausstattung zog sie auf ihr in der britischen Besatzungszone gelegenes Schloss Marienburg.

Zu DDR-Zeiten ein Erholungsheim und später Fachschule für Binnenhandel, stand das große Schloss seit 1991 leer und verfiel. Seit 2005 kämpft der Verein »Rettung Schloss Blankenburg« um den Erhalt und für eine zukunftsfähige Nutzung. Seit 2008 ist er auch Eigentümer und verzeichnet mittlerweile große Erfolge bei der Instandsetzung der Anlage – jüngst etwa die vollständige Dachsanierung 2018, mit der die nachhaltige Sicherung des Schlosses erreicht wurde.

Schloss Burgscheidungen

Kleinod barocker Baukunst mit Terrassengarten

Auf einem Bergsporn oberhalb des an der Unstrut gelegenen kleinen Ortes Burgscheidungen erhebt sich malerisch das Schloss gleichen Namens. Wer das mit dem Wappen der Grafen von Schulenburg, der letzten Besitzer der Anlage, verzierte Torhaus durchschreitet, wird überrascht sein von der Größe der mächtigen zweigeschossigen Vierflügelanlage, die man wohl eher in einer größeren Residenzstadt vermuten würde.

Sein heutiges Aussehen erhielt das Schloss im Wesentlichen durch die umfangreiche Neugestaltung durch Graf Levin Friedrich von Schulenburg, einen sardischen Adligen im Range eines Generalfeldmarschalls, der das Anwesen im Jahr 1722 für sich und seine Nachkommen käuflich erwarb. Nach den Plänen des Leipziger Architekten David Schatz wurde die ehemalige Adelsburg, deren erste Erwähnung als »scidinge« und »scidingeburg« bis ins 9. Jahrhundert zurückreicht, zu einem repräsentativen Wohnschloss umgebaut, das neben dem Schloss Hundisburg als herausragendes Beispiel für ein Barockschloss im Gebiet des heutigen Sachsen-Anhalts gilt. Besonders der Nordflügel mit seinem mächtigen Mittelrisalit, dem von Kolossalbüsten getragenen Balkon und der geschwungenen Freitreppe schwelgt in der opulenten und verspielt daherkommenden Formensprache jener Stilepoche.

Zeitgleich mit dem Umbau des Schlosses erfolgte auch die Neugestaltung des Schlossgeländes. Unter der Leitung von David Schatz wurde an der Nordseite des Schlossberges ein barocker Terrassengarten im italienischen Stil angelegt. Zwei streng symmetrische Zickzackwege führen zum Fuß des Berges in den ebenerdigen Teil des Parks. An den Kehren säumen elf Plastiken (ehemals zwölf) des Bildhauers Joseph Blühme, welche die Figuren des Tierkreiszeichens symbolisieren, den Weg nach unten. Auf halber Höhe des Hanges erscheint eine pittoreske Grotte, die später als Grablege

Bezaubernd schön – Schloss Burgscheidungen an der Unstrut

genutzt wurde. Ganz unten angekommen, bietet sich der schönste Blick auf die Barockanlage, deren zeitlose ästhetische Wirkung selbst von ihrem teilweise schlechten Erhaltungs- und Pflegezustand kaum beeinträchtigt wird.

Bis 1945 blieb das Schloss im Besitz der Grafen von Schulenburg, zu DDR-Zeiten diente es als Schulungsstätte. Ende der Neunzigerjahre wurde der das Schloss umgebende Garten in das Projekt Gartenträume aufgenommen, das sich zum Ziel gesetzt hat, 50 der schönsten historischen Gärten Sachsen-Anhalts touristisch zu vermarkten und damit einem breiteren Publikum bekannt zu machen. Seit 2008 ist das Schloss wieder in Privatbesitz und wird seitdem Stück für Stück liebevoll saniert. Schlossbesichtigungen und zahlreiche Veranstaltungen aller Art stehen bereits wieder auf dem Programm und locken zahlreiche Besucher an. Restaurant und Café »Gräfin Cosel« bieten einen umwerfenden Blick über das Unstruttal.

Die Schlösser des Dessau-Wörlitzer Gartenreiches

Innerhalb der beeindruckenden Schlösserlandschaft ragt die Gruppe der Schlösser des Dessau-Wörlitzer Gartenreiches aufgrund ihrer überregionalen Ausstrahlung und stilbildenden Wirkung noch einmal besonders hervor.

Die Entstehungszeit der meisten Bauten in der zweiten Hälfte des 18. Jahrhunderts fällt mit dem Zeitraum zusammen, in dem es vor allem in Mitteleuropa zu großen ökonomischen, politischen und kulturellen Veränderungen kam. Der aufziehende Epochenwechsel bewirkte die Entwicklung eines neuen Herrschertypus – den des aufgeklärten Monarchen, gekennzeichnet durch die Bereitschaft zu gesellschaftlichen und ökonomischen Reformen und eine kulturelle Aufgeschlossenheit gegenüber verschiedensten Kunst- und Stilrichtungen, wobei besonders die Hinwendung zur klassischen Antike hervorzuheben ist.

Fürst Leopold III. Friedrich Franz von Anhalt-Dessau, der maßgebliche Schöpfer des Dessau-Wörlitzer Gartenreiches, vereinte alle diese Eigenschaften in einer Person. Durch seine Maßnahmen entwickelte sich Dessau zu einem Musterstaat des aufgeklärten Absolutismus, der seine anhaltischen Schwesterstaaten wirtschaftlich und auch kulturell weit überflügelte. Doch der Gestaltungswille des Fürsten beschränkte sich nicht allein auf den Staatsapparat, auch das landschaftliche Erscheinungsbild seines Landes wollte er nach seinen Vorstellungen verändern.

Nach ausgedehnten Studienreisen, die ihn nach England, Frankreich und Italien führten, begann er ab 1769 zusammen mit dem Architekten Friedrich Wilhelm von Erdmannsdorff einen weitläufigen Landschaftspark im englischen Stil zu errichten. Dies war der Ausgangspunkt für eine Reihe wei-

Ein Baustil des Mittelalters wird wiederbelebt – Das Gotische Haus im Wörlitzer Park

terer herrschaftlicher Parks, die das Antlitz des kleinen Fürstentums nachhaltig prägten und es in eine Kulturlandschaft von nationalem Rang verwandelten.

Das im Norden Dessaus gelegene **GEORGIUM**, nach dem Wörlitzer Park der zweitgrößte Landschaftsgarten des Dessauer Gartenreichs, wurde nach seinem Erbauer Prinz Johann Georg benannt, der sich hier ab 1780 vom Dessauer Hofarchitekten von Erdmannsdorff ein Sommerdomizil mit umgebendem Landschaftspark errichten ließ. Der Schlosspark wurde mit einer Reihe von antikisierenden Bauwerken und Plastiken ausgeschmückt. Darunter finden sich ein ionischer Rundtempel, die dem Concordia-Tempel in Rom nachempfundenen »Römischen Ruinen« und zwei ebenfalls nach antiken Vorbildern gestaltete Tordurchfahrten.

Nach Norden hin wird das Gelände durch den sich anschließenden Beckerbruch erweitert, der in seiner Gestaltung naturnah belassen wurde und mit seinem wildromantischen Auenwald einen gezielten Gegenakzent zum detailliert geplanten und hochgradig stilisierten Georgengarten setzt. Im 19. Jahrhundert erfuhr der

Eine Verbeugung vor der Antike – das Georgium in Dessau

In schlichter Eleganz und zeitloser Schönheit – das Luisium im gleichnamigen Park vor den Toren Dessaus

Park gravierende gestalterische Veränderungen. Auch das Schloss erhielt im Jahr 1893, als man das Gebäude durch zwei seitliche Anbauten erweiterte und damit die ursprünglich quadratische Grundfläche in eine rechteckige Form mit Risalit-Gliederung überführte, ein neues Aussehen. Seit 1957 beherbergt das Schloss die Anhaltische Gemäldesammlung mit Werken Lucas Cranachs d. Ä. und niederländischer Malerei des 16. und 17. Jahrhunderts.

Ein weiterer Landschaftspark des Gartenreiches ist das etwa drei Kilometer nordöstlich von Dessau gelegene **LUISIUM**. Der 14 Hektar umfassende Garten im englischen Stil wurde in den Jahren 1774 bis 1778 als Landsitz der Fürstin Luise errichtet. Auch hier gestaltete von Erdmannsdorff das Hauptgebäude. Er schuf einen streng geometrischen Baukörper mit kubischer Grundform, bekrönendem Belvedere und flachem Pyramidendach. Mit seinen klaren Formen und einem sparsam eingesetzten Fassadenschmuck weist das Schloss eine schlichte Eleganz auf und nimmt damit endgültig Abschied von barockem Prunk. Es ist von einem langgezogenen See umringt, über welchen eine weiße Brücke in chinesischem Stil führt. Die malerische Szenerie zählt zu den bekanntesten und am meisten fotografierten Ansichten des Gartenreichs. Alle Zimmer sind sparsam mit klassizistischen Stuckaturen und antikisierenden Deckenmalereien ausgeschmückt. Das Schloss ist umgeben von einem englischen Landschaftsgarten.

Der umfassend vorgetragene Bildungs- und Erziehungsanspruch, der für die etwa zehn Jahre zuvor errichteten Wörlitzer Anlagen noch kennzeichnend war, wurde hier stark reduziert und stattdessen ein Landschaftsgarten geschaffen, der die Schönheit der Natur in den Mittelpunkt stellt. Fürst Franz verbrachte hier seine letzten Lebensjahre. Von 1993 bis 1998 wurde das Schloss umfänglich restauriert. Mit großem Aufwand und Sachverstand hat man versucht, die originale Raumgestaltung zu rekonstruieren, um somit die ursprüngliche Wirkung des klassizistischen Bauwerkes wieder erlebbar zu machen. Das Ergebnis erhebt das Luisium zu einem der Referenzobjekte für moderne Restaurationskunst.

In der ländlichen Umgebung des Örtchens Mosigkau und nur wenige Kilometer westlich von Dessau befinden sich **SCHLOSS UND PARK MOSIGKAU**. Das bezaubernde Rokoko-Ensemble gehört zu den besterhaltenen Anlagen

Ein spätbarockes Kleinod – Schloss Mosigkau in der Gartenansicht

seiner Art in Sachsen-Anhalt und wird aufgrund gewisser charakterlicher Ähnlichkeiten mit dem großen Potsdamer Vorbild auch als »Klein Sanssouci« bezeichnet. Errichtet wurden das Schloss und der dazugehörige Französische Garten als Sommersitz für die Lieblingstochter des Fürsten Leopold I. von Anhalt-Dessau, die unverheiratete Prinzessin Anna Wilhelmine. Um dennoch ein standesgemäßes Dasein in einer eigenen Residenz führen zu können, ließ sie sich auf dem ihr gehörenden 128 Hektar großen Grundstück in Mosigkau ein prachtvolles Schloss errichten.

Da sich Anna Wilhelmine, anders als ihr progressiver Neffe Fürst Franz, noch nicht für die künstlerischen Ausdrucksformen des Klassizismus zu begeistern vermochte, wurde das neue Schloss in dem langsam aus der Mode kommenden Rokoko-Stil erbaut. Das 1754 begonnene Hauptgebäude ist ein zweigeschossiger Backsteinputzbau mit nordseitig herausgearbeiteten Eck-Risaliten, einem flachgehaltenen Mansarddach und, von ionischen Halbsäulenpaaren gesäumten, Eingangsportalen – zugänglich über Freitreppen. Der Nordseite ist ein quadratischer Ehrenhof vorgelagert, der an den Seiten von zwei Kavaliershäusern und Wirtschaftsgebäuden begrenzt wird. Auf der Südseite schließt sich der Rokokogarten französischen Stils, in dem beliebte Gartenbaumotive der Zeit umgesetzt wurden. So entstand neben einem chinesischen Teesalon und einem Heckenlabyrinth auch ein kleines Gartentheater.

Die Prinzessin lebte bis zu ihrem Tod 1780 in Mosigkau. Gemäß ihrem testamentarischen Willen wurde das Anwesen in ein »Hochadeliges Fräuleinstift« umgewandelt, das unverheiratet gebliebenen Damen von Stand die Möglichkeit bot, ein wirtschaftlich abgesichertes Leben in einer ebenbürtigen Gemeinschaft führen zu können. Das Mosigkauer Damenstift bestand bis 1945, danach wurde in den Räumlichkeiten eine Kulturstiftung eingerichtet und 1951 ein »Gesellschaftsmuseum der Rokokozeit« eröffnet. Bei der Ausstattung des Museums konnte man teilweise auf das noch erhalten gebliebene Originalinterieur zurückgreifen. Die heutige Ausstellung umfasst 17 Räume, von denen der lichtdurchflutete Galeriesaal im Corps de logis mit seinen wertvollen Gemälden der prachtvollste ist.

Das etwa 10 Kilometer östlich von Dessau gelegene **SCHLOSS ORANIENBAUM** war ein Geschenk des Fürsten Johann Georg II. von Anhalt-Dessau an seine Gemahlin Henriette Catharina – einer aus den Niederlanden stammenden Prinzessin des Hauses Oranien-Nassau. Damit sie auch in der Fremde an ihre Heimat erinnert würde, ließ er für sie ab 1683 ein Schloss und eine dazugehörige kleine Stadt, zu Ehren der

Die kulturelle Offenheit der Aufklärung spiegelt sich auch in der Architektur – hier die chinesisch gestalte Pagode im Schlosspark Oranienbaum

Fürstin Oranienbaum genannt, in der Formensprache des niederländischen Barocks errichten. Als Architekten verpflichtete man den ebenfalls aus den Niederlanden stammenden Baumeister Cornelis Ryckwaert. Er entwarf ein zweigeschossiges Palais mit dreiachsigem Mittel-Risalit und zwei quadratischen, den Ehrenhof flankierenden Kavalierpavillons. Auf der Rückseite ließ er einen großzügigen, 28 Hektar umfassenden Barockgarten anlegen, dessen langgezogene Mittelachse von einem pittoresken Springbrunnen geschmückt wird.

Östlich an das Schlossgelände grenzt die Stadt Oranienbaum, die mit ihrem streng rechtwinkligen Straßennetz und dem auf der Schlossachse platzierten quadratischen Marktplatz exakt den Idealen absolutistischer Barockarchitektur entsprach. Nach dem Tod von Johann Georg II. im Jahr 1693 fungierte Schloss Oranienbaum als Witwenresidenz und wurde zu der heutigen Dreiflügelanlage ausgebaut. 1708 verstarb die Fürstin in ihrem Schloss. Fürst Leopold I., der Sohn Henriette Catharinas, der als »Alter Dessauer« in die Geschichte einging, nutzte Schloss Oranienbaum nur für gelegentliche Jagdaufenthalte. Erst sein Enkel Leopold III. Friedrich Franz interessierte sich wieder mehr für die Anlage. Er ließ die Schlossanlage großzügig umgestalten. So wurde der aus der Mode gekommene symmetrisch angelegte Schlossgarten nach den Ideen des englischen Gartenbauers Sir William Chambers von 1793 bis 1797 umgestaltet. Er errichtete ein Teehaus und eine fünfgeschossige Pagode im chinesischen Stil, die stilistische Kontrastpunkte zu den erhalten gebliebenen Teilen des Barockgartens setzen.

Chinesisches Teehaus im Garten von Schloss Oranienbaum

Auf der Südseite des Schlossparks entstand 1811 eine Orangerie, die mit 175 Metern Länge zu den größten in ganz Europa gehört und in der traditionsgemäß – die Orange war das Symbol der Oranier – bis heute auch Orangenbäume stehen. Die jüngere Geschichte des Schlosses ist vor allem durch seine Nutzung ab 1953 als Archiv geprägt. Mit dem Umzug des Archivs an seinen neuen und moderneren Standort in Dessau zu Beginn des 21. Jahrhunderts endete diese Periode für das Schloss, das seitdem umfänglich restauriert wird und wieder für Besucher zugänglich ist. Besonders sehenswert sind der Tee-Saal mit seinen kostbaren holländischen Ledertapeten und der gut erhaltene ehemalige, mit Delfter Fliesen verzierte Sommerspeisesaal.

Als einer der frühesten und größten Landschaftsgärten innerhalb Kontinentaleuropas ist der **WÖRLITZER PARK** auch das Herzstück des Dessauer Gartenreiches. Inspiriert von englischen Vorbildern, entstand er von 1764 bis etwa 1805 nach den Plänen des Landschaftsarchitekten Johann Friedrich Eyserbeck entlang der Ufer eines früheren Elbarms in Sichtweite des Dorfes Wörlitz.

Ebenso innovativ wie die Gesamtidee des Wörlitzer Gartens war auch seine architektonische Ausgestaltung. Anstatt im zeittypischen Stil ein Ba-

»Felseninsel Stein« mit Villa Hamilton, Vesuv von Wörlitz und Grotten

rockschloss mit Rokoko-Innenausstattung zu errichten, entschieden sich Fürst Franz und der mit ihm befreundete Architekt Friedrich Wilhelm von Erdmannsdorff, mit den beiden Hauptgebäuden des Parks architektonisches Neuland zu betreten. Beim Bau des **WÖRLITZER SCHLOSSES** orientierten sie sich an der durch die Ausgrabungen von Pompeji wieder populär gewordenen Formensprache der klassischen Antike und erschufen einen zweigeschossigen kubischen Baukörper, der mit seinem säulengetragenen Portikus auf der Vorderseite an die Gestalt eines römischen Tempels erinnert. 1773 fertiggestellt, gilt dieses Schloss als Gründungsbau des deutschen Frühklassizismus.

Inspiriert von seiner Reise nach Süditalien beauftragte der Fürst seinen Architekten auch mit der Anlage eines neapolitanischen Ambientes, bestehend aus einem künstlichen, dem Vesuv nachempfundene Vulkan, der 1794 das erste Mal »ausbrach«, der Villa Hamilton, antiken Grotten, einem Amphitheater u. v. m.

Das andere Hauptgebäude des Parks, das **GOTISCHE HAUS**, weicht im Baustil radikal ab. Zum ersten Mal überhaupt wurde bei diesem Gebäude nicht die Baukunst der idealisierten Antike zitiert, sondern aus dem Repertoire der vermeintlichen nationalen Architekturgeschichte geschöpft – die Gotik galt als typisch deutscher Baustil, ungeachtet ihrer eigentlichen Herkunft aus dem französischen Raum. Dieses Konzept der Wiederentdeckung nationalhistorischer Baustile fand im Fortgang viele Nachahmer und wurde zu einem der bestimmenden Merkmale der Architektur des 19. Jahrhunderts. Genutzt wurde das Gotische Haus als privater Rückzugsraum des Fürsten und Aufbewahrungsort seiner persönlichen Sammlungen. Im Gegensatz zum Wörlitzer Schloss, das Fürst Franz als künstlerisches Bildungsangebot verstand und das jeder interessierte Besucher auch im Inneren besichtigen konnte, blieb das Gotische Haus als einziges Gebäude des gesamten Wörlitzer Gartens für die Öffentlichkeit verschlossen. Heute ist es, wie Schloss Wörlitz, öffentlich zugänglich.

Schloss Wörlitz und die Stadtkirche im sanften Morgenlicht

Die Eckartsburg

Wo einst Goethe dichtete

An der alten Handelsstraße von Frankfurt nach Leipzig ragt auf dem schmalen Bergrücken eines Ausläufers der Finne die Eckartsburg empor. Eine Anlage mit diesem Namen, allerdings nach aktuellem Kenntnisstand an anderer Stelle, taucht bereits im Jahr 998 in den Quellen auf. Benannt wurde sie nach ihrem Erbauer Ekkehard I., dem Markgrafen von Meißen. Nach dem Tod seines Sohnes, des Markgrafen Ekkehard II., fiel die Burg 1046 in kaiserlichen Besitz und gelangte 1121 als Schenkung des Kaisers Heinrich V. an den thüringischen Grafen Ludwig den Springer.

Die heute sichtbare jüngere Eckartsburg wurde Ende des 12. Jahrhunderts unter den Landgrafen Ludwig III. und Hermann I. von Thüringen errichtet. Auf einer Grundfläche von etwa 100 mal 30 Metern entstand eine repräsentative Anlage, die mit ihrem ungewöhnlichen kastellartigen Äußeren eine der eindrucksvollsten romanischen Burganlagen des Bundeslands ist. Als Bestandteil des landgräflich-thüringischen Residenzburgen-Systems, zu dem auch Anlagen wie die Wartburg in Eisenach, die Runneburg bei Weißensee und die Neuenburg bei Freyburg gehörten, erlebte die Eckartsburg in der Folgezeit ihre kulturelle Blüte. Landgraf Hermann I., ein bekannter Förderer der ritterlich-höfischen Kultur – er soll den berühmten Sängerwettstreit auf der Wartburg veranstaltet haben –, weilte mehrfach auf der Eckartsburg.

Nachdem mit Heinrich Raspe 1247 der letzte der thüringischen Landgrafen verstorben war, setzte der Kaiser den wettinischen Markgrafen von Meißen, Heinrich den Erlauchten, als Nachfolger ein. Da jedoch auch Sophia von Brabant, eine Tochter des Landgrafen Ludwig IV., ihre Ansprüche anmeldete, kam es zur militärischen Auseinandersetzung der Parteien. Im sogenannten Thüringer Erbfolgekrieg, bei dem auch die Eckartsburg belagert und gestürmt wurde, konnte sich Markgraf Heinrich

Wehrhaft und repräsentativ zugleich – die Eckartsburg mit Wohnturm und Palas von Süden aus gesehen

durchsetzen und die Thüringer Lande dauerhaft den wettinischen Besitzungen hinzufügen.

Heinrichs Sohn Albrecht, mit dem wenig schmeichelhaften Beinamen »der Entartete«, nutzte die Eckartsburg als Residenz, bevor er auf die Wartburg übersiedelte. 1457 rückte sie noch einmal in das Licht der Geschichte, als Herzog Wilhelm III. seine Frau Anna für einige Jahre hierher in die Verbannung schickte. Danach diente sie nur noch Amtsleuten als Wohnsitz. 1622 meldet eine Quelle den Leerstand der Anlage sowie die temporäre Nutzung als Getreidespeicher und Gefängnis. Als Goethe 1813 die Burg besuchte und hier seine Ballade vom »getreuen Eckart« verfasste, war sie bereits eine Ruine. Heute befindet sich die Eckartsburg nach verschiedenen Restaurierungen in einem guten Bauzustand. Anfang der neunziger Jahre wurde sie in die »Straße der Romanik« aufgenommen. Burg und Bergfried können ganzjährig besucht werden. Die Burgschänke auf dem Gelände bietet Veranstaltungen aller Art an.

Burg Falkenstein

Das Idealbild einer mittelalterlichen Burg

Am Rande des nördlichen Unterharzes befindet sich mit der hervorragend erhaltenen Burg Falkenstein eine der bekanntesten und meistbesuchten Burgen Sachsen-Anhalts. Wahrscheinlich ist sie deshalb so populär, weil sie mit ihrer herrlichen Lage, ihrer wehrhaft trutzigen Silhouette und ihrem raffinierten Verteidigungssystem genau dem verbreiteten Bild einer mittelalterlichen Burg entspricht. So ist es auch nicht weiter verwunderlich, dass die Burg Falkenstein bereits mehrfach als Kulisse für verschiedene Märchen- und Historienfilme diente.

Als Besucher erreicht man die etwas versteckt hoch über dem Selketal liegende Burganlage am besten zu Fuß von der Ostseite. Nach einem etwa halbstündigen Marsch durch den Wald biegt der Weg plötzlich ab und gibt unvermutet den Blick auf den malerischen Falkenstein frei.

Die Erbauer der Burg waren die Edelherren von Konradsburg, die laut urkundlicher Überlieferung um 1120 begannen, eine neue Residenz für ihr Geschlecht im Selketal zu errichten. Zuvor hatten die Edelherren die weiter talabwärts gelegene Konradsburg bewohnt, die jedoch als Sühne für den von Egino II. an dem Grafen Adalbert II. von Ballenstedt begangenen Mord aufgegeben und in ein Kloster umgewandelt wurde. Danach erbauten sie zunächst den sogenannten Alten Falkenstein, eine kleinere Burg etwa zwei Kilometer talaufwärts des heutigen Falkensteins, der aber nach der Schlacht am Welfesholz zerstört und nicht mehr aufgebaut wurde. Für die neue Burg Falkenstein wechselten die Edelherren an den heutigen Platz, wo ein schroff ins Tal abfallender Bergsporn die idealen natürlichen Voraussetzungen für die Errichtung einer schwer zu erobernden Verteidigungsanlage bot.

Ostansicht der Burg, im Vordergrund der Eike-von-Repgow-Gedenkstein

Burg Falkenstein

Dem klassischen Schema einer spätromanischen Wehranlage folgend, gliedert sich die Anlage in eine Kernburg mit Bergfried, Wohnturm und Palas und eine sich westlich auf einem Plateau anschließende Vorburg, in der verschiedene Wirtschaftsgebäude ihren Platz fanden. Um es Angreifern so schwer wie möglich zu machen, sicherte man die Burg zusätzlich mit Zwingern und einem gestaffelten Torsystem, das nur abschnittsweise erobert werden konnte.

Neben der beispielhaften Umsetzung ihrer Wehrfunktion ist es den Bauherren gelungen, die Burg Falkenstein auch unter ästhetischen Gesichtspunkten meisterhaft zu gestalten. Bauhistorische Forschungen haben ergeben, dass man sich bei der Errichtung der Burg nicht allein an den natürlichen Gegebenheiten des Geländes orientierte, sondern dass der Gesamtanlage ein Plan zugrunde lag, der die Regeln der damals gültigen Proportionslehre berücksichtigte. Den Genius der ursprünglichen Anlage erkannten auch alle späteren Besitzer der Burg an und nahmen bauliche Veränderungen nur behutsam vor, wobei sie stets den wehrhaften Grundcharakter des Falkensteins betonten, anstatt die Burg im Stil einer jeweils gerade modernen Kunstrichtung zu überformen.

Blick auf das Küchenhaus im Inneren der Kernburg

Die Herren von der Asseburg, die den Falkenstein ab 1437 als Lehen erwarben, nahmen einige Instandsetzungs- und Umbaumaßnahmen vor. So wurden die gesamte Kernburg wie auch der Bergfried erhöht, und der alte Palas wich einem geräumigeren Fachwerkbau. Nach einer Zerfallsphase im 18. Jahrhundert kam es Anfang des 19. Jahrhunderts wiederum unter dem inzwischen in den Grafenstand erhobenen Geschlecht der Asseburger zu einer Wiederbelebung der Anlage in Form eines repräsentativen Jagdschlosses. Damit die hochrangigen Gäste aus Adel, Militär und Politik standesgemäß beherbergt werden konnten, ließ Graf Ludwig von der Asseburg umfangreiche Renovierungen im Innenbereich durchführen. Die prächtigen, im neogotischen Stil aus-

Harmonisch in die Landschaft gebaut – Burg Falkenstein hoch über dem Selketal

gestatteten Räume sind die schönsten der Burganlage und können heute auf dem Museumsrundgang besichtigt werden. Für weiteren Komfort sorgte ein zweigeschossiges Gästehaus im Fachwerkstil, in dem heute eine Gaststätte untergebracht ist. Bis 1945 blieben die Asseburger Grafen Eigentümer und Bewohner des Falkensteins. Nach der Enteignung öffnete 1946 auf der Burg ein Museum. In den letzten Jahrzehnten aufwendig saniert, sind die musealen Räume wieder in ihrer historischen Nutzung erlebbar. Ausstellungen widmen sich der Geschichte des Falkensteins, dem »Sachsenspiegel« Eikes von Repgow als bedeutendstem deutschsprachigen Rechtsbuch des Mittelalters und der Burg als Filmkulisse. Vom Bergfried überblickt man die gesamte Burganlage und das malerische Selketal. In der Vorburg lädt die Gaststätte »Krummes Tor« den Besucher zum Verweilen ein. Jährliches Veranstaltung-Highlight: Das mittelalterliche Burgfest.

Burg Flechtingen

Heute schönstes Wasserschloss

Im Zentrum der Gemeinde Flechtingen und umgeben von einem künstlich angestauten See befindet sich eine der schönsten und besterhaltenen Wasserburgen Sachsen-Anhalts. Wie die meisten anderen Wasserburgen, bei denen man aufgrund fehlender schützender Berghänge eine schwer zu überwindende Wasserfläche als Element der Burgverteidigung einsetzte, steht sie im Flachland.

Das Dorf Flechtingen ist einer der ältesten Orte der Altmark, bereits im Jahr 961 wird der Name »Flahitungen« in einer Schenkungsurkunde Ottos I. genannt. Eine Burg wird in den Quellen erstmalig 1307 erwähnt. Der erste nachweisbare Eigentümer war Heinrich von Schenck, der Flechtingen als Lehen vom Markgrafen Hermann von Brandenburg für seine Verdienste erhalten hatte. Die von nun an Schenken von Flechtingen genannten Burgherren blieben das einzige Adelsgeschlecht, das durch die folgenden Jahrhunderte bis zur Enteignung nach dem Zweiten Weltkrieg auf der Burg residierte – äußerst selten in der Besiedlungsgeschichte von Burgen.

Nicht zuletzt dieser ungewöhnlichen Besitz- und Wohnkontinuität ist der gute Erhaltungszustand der Anlage, die im Laufe der Zeit von den Bewohnern mehrfach ausgebaut und renoviert worden ist, zu verdanken. Ihr ältester Teil ist die um 1300 erbaute dreieckige Kernburg, in der vier, Wohntürmen ähnelnde, Gebäude und der Bergfried einen engen Innenhof umsäumen. Etwas jünger sind der hochgotische Wohnbau der Vorburg und der Zwinger nördlich der Kernburg mit seinen Schalentürmen.

Nachdem ein Brand im Jahre 1483 die Anlage in Mitleidenschaft gezogen und den alten Palas zerstört hatte, wurden im 15. und 16. Jahrhundert Fachwerkgeschosse in niedersächsischer Bauweise auf die älteren Steinbauten gesetzt, wodurch die Wohngebäude erweitert wurden und die Burg ihren heutigen schlossähnlichen

Ansicht des malerischen Wasserschlosses von Südosten

Charakter erhielt. Im 19. Jahrhundert erfolgte der bis dato letzte Umbau im englischen Stil, bei dem der etwa 35 Meter hohe Bergfried einen Zinnenkranz erhielt und die Giebel der Kernburg treppenförmig abgestuft wurden. Südwestlich der Burg wurde ein Schlosspark angelegt.

Seit Anfang der Neunziger steht die malerische Burg, die nach dem Zweiten Weltkrieg als Genesungs- und Altersheim genutzt wurde, nun leer bzw. hat sie mehrere Male die Eigentümer gewechselt. Auch in 2019 steht ein solcher Wechsel an, mit dem sich neue Nutzungsmöglichkeiten eröffnen.

Burg Giebichenstein

»Überm Thale« der »fröhlichen Saale«

Hoch über der Saale thront die Burg Giebichenstein. Ein flacher Saaleübergang und in der Nähe befindliche Salzquellen schufen hier günstige Voraussetzungen für eine Ansiedlung, die im Jahr 961 unter dem Namen »Givicansten« erstmalig fassbar wird. Aufgrund ihrer strategischen Lage und der Nähe zu den angrenzenden Slawengebieten wird angenommen, dass sie bereits im frühen 10. Jahrhundert bestand. Mit der Einrichtung des Erzbistums Magdeburg durch Kaiser Otto I. gelangte die Burg mitsamt ihrem Umland in den Besitz der Magdeburger Erzbischöfe, jener mächtigen geistlichen Fürsten, die mit ihren weitläufigen Besitzungen lange die größte regionale Macht an der mittleren Elbe bildeten und über viele Jahrhunderte bis zur Reformation die territoriale und politische Entwicklung Mitteldeutschlands entscheidend mitbestimmt haben. Eine zusätzliche, überregionale Bedeutung erfuhr sie durch ihre zeitweilige Nutzung als ein Reichsgefängnis für hochrangige Strafgefangene. So saßen im 11. und zu Beginn des 12. Jahrhunderts mehrere dem Hochadel angehörige Personen hier ihre Haftstrafe ab. Der Prominenteste unter ihnen ist sicherlich der wegen Mordes an dem Pfalzgrafen Friedrich III. von Sachsen verurteilte thüringische Graf Ludwig von Schauenburg, um dessen Haftzeit sich eine bekannte Legende rankt. Der Überlieferung nach soll er sich im dritten Jahr seiner Kerkerhaft seiner drohenden Hinrichtung entzogen haben, indem er während eines Aufenthaltes auf dem Burgturm in die Saale sprang. Aufgrund dieser spektakulären Fluchtaktion erhielt Graf Ludwig, dem auch die sagenumwobene Gründung der Wartburg zugeschrieben wird, den Beinamen »der Springer«.

Aus dieser Frühzeit Giebichensteins haben sich keine baulichen Reste erhalten, jedoch wird angenommen, dass sich die früheste Burg auf dem Areal des heutigen Amtsgartens, in unmittelbarer Nähe zur jetzigen

Burg Giebichenstein – Blick auf die Reste der Oberburg

Burg befunden hat. Die älteste nachweisbare Bebauung findet sich auf der Oberburg und wird dem späten 12. und frühen 13. Jahrhundert zugeordnet. Dieser Zeitraum korrespondiert mit der Regierungszeit des bekannten Magdeburger Erzbischofs Wichmann von Seeburg und so ist davon auszugehen, dass es jener mächtige Kirchenfürst war, der den Auftrag dazu gab, die Burg Giebichenstein zu einer repräsentativen Residenz in romanischem Stil umzugestalten. Zu den neu errichteten Gebäuden zählten ein mächtiger

Bis auf den Torturm haben sich von der Oberburg nur die Grundmauern erhalten – im Hintergrund das Thomas-Müntzer-Gymnasium

Torturm, ein großzügig angelegter Palas, ein Wohnturm, ein weiterer Turm am Südende des Felsplateaus sowie eine im Innenhof freistehende Burgkapelle. Mit diesen Neubauten, die teilweise auch mit Bauschmuck verziert wurden, wandelte sich die Burg Giebichenstein in eine stattliche Residenz, die sich hinter vergleichbaren Anlagen jener Zeit, wie der Wartburg oder der Neuenburg, nicht zu verstecken brauchte.

Im Jahr 1382 wurde die Burg Giebichenstein Hauptresidenz der Magdeburger Erzbischöfe, die nun dauerhaft von der Saale aus regierten. Der gewachsenen politischen und strategischen Bedeutung der Residenz wurde auch baulich Rechnung getragen, indem man den Burgkomplex um eine große Unterburg erweiterte. Dieser heute am besten erhaltene Teil der Anlage wurde etwa ab dem Jahr 1445 in gotischem Stil auf einem schon jahrhundertelang genutzten Gelände errichtet, als man begann, ein rechteckiges Areal mit einer mächtigen und bis zu zwei Meter dicken Umfassungsmauer sowie fünf trutzigen Wehrtürmen kastellartig einzuhegen. Innerhalb dieser starken Befestigungen entstand eine Reihe von Wirtschaftsgebäuden, über deren Funktion uns überlieferte Inventarlisten aus dem 15. und 16. Jahrhundert Auskunft geben. Die verzeichneten Gebäude und Raumnamen wie Bücherei, Silberkammer, Pulverkammer, Brauhaus, Küche und Kornhaus bezeugen einen wirtschaftlich ausdifferenzierten Burgbetrieb und vermitteln heute das Bild einer blühenden Residenz für die Zeit des ausgehenden Mittelalters. Schon bald sollte die Glanzzeit Giebichensteins jedoch ein jähes Ende finden, denn Anfang des 16. Jahrhunderts verlor die Burg ihre Residenzfunktion an die nur wenige Kilometer südlich gelegene, neu errichtete Moritzburg. Es begann eine Phase des langsamen Verfalls. Ein besonderer Tiefpunkt der baugeschichtlichen Entwicklung wurde im Dreißigjährigen Krieg erreicht, als während der Besetzung durch schwedische Truppen ein Brand ausbrach und große Teile des Burgareals verheerte. Während die Oberburg seit dieser Katastrophe nicht mehr genutzt wurde und zur Ruine verkam, erfuhr die Unterburg vor dem Hintergrund der wirtschaftlichen Erholung eine gewisse Neubelebung.

Ab dem 19. Jahrhundert rückte dann die kunst- und kulturhistorische Bedeutung der Burg in den Vordergrund, und man begann, die mittelalterliche Anlage denkmalpflegerisch zu betreuen. Mit dem Ziel der Bewahrung historischer Bausubstanz erfolgten wichtige Reparatur- und Sicherungsmaßnahmen, wie die von 1838 bis 1844 durchgeführte Instandsetzung der Umfassungsmauer der Oberburg. Aus heutiger Sicht zweifelhaft erscheint dagegen der Abriss jüngerer Gebäude wie der Branntweinbrennerei aus dem Jahr 1722, die man im Kontext mit einer mittelalterlichen Burg als unhistorisch empfand.

Eine gänzlich neue und unerwartete Entwicklung der Burg Giebichenstein wurde im Jahr 1921 eingeleitet, als die Stadt Halle die ehemalige Residenz erwarb, um in den Räumlichkeiten der Unterburg ihre wenige Jahre zuvor gegründete Handwerker- und Kunstgewerbeschule unterzubringen. Die Schule entwickelte sich bereits in ihrer Anfangszeit zu einer führenden Ausbildungsstätte für angewandte Kunst, die mit der zweiten großen Designschule der Region, dem Dessauer Bauhaus, in einem fruchtbaren Wettbewerb stand. Nachdem in der Zeit des Nationalsozialismus die Einrichtung in ihrer künstlerischen Arbeit stark eingeschränkt und die Schule zu einer rein handwerklichen Ausbildungsstätte herabgestuft wurde, begann nach dem Krieg eine Phase der Neustrukturierung, die 1958 mit der Etablierung als Hochschule für industrielle Formengestaltung ihren vorläufigen Abschluss fand. Nach der gesellschaftlichen Wende 1989 wurde die Einrichtung in »Burg Giebichenstein Hochschule für Kunst und Design Halle« umbenannt (seit 2010 Burg Giebichenstein Kunsthochschule Halle), das Studienangebot modernisiert und die technische Ausstattung auf den neuesten Stand gebracht. Heute bietet die renommierte Hochschule mit den beiden Fachbereichen Kunst und Design Platz für etwa 1.000 Studenten.

Für Besucher ist die Unterburg aufgrund des Hochschulbetriebes nur zur Jahresausstellung im Juli geöffnet, die Oberburg – ein Standort des Stadtmuseums Halle – hingegen von April bis Oktober. Dann stehen u.a. das Sommertheater, Literatur-Picknick und die »Giebichensteiner Sommerfilmnächte« auf dem Programm. Und ein Aufstieg zur Aussichtsplattform lohnt allein deswegen, weil man von hier aus einen der schönsten Blicke auf das Saaletal genießen kann.

Schloss Goseck

Vom Kloster zum Schloss

Im malerischen Saaletal zwischen Naumburg und Weißenfels erhebt sich oberhalb eines steilen Abhangs das Schloss Goseck. Die Anlage war einst der Stammsitz der Pfalzgrafen von Sachsen, eines mächtigen regionalen Adelsgeschlechts, das Anfang des 11. Jahrhunderts seine Blütezeit erlebte. Bereits vorher hatte hier eine befestigte Anlage gestanden, denn in dem im 9. Jahrhundert angelegten Hersfelder Zehntverzeichnis wird Goseck als Teil des an der Saale eingerichteten Grenzburgensystems aufgelistet.

1041, nach dem Tod des Pfalzgrafen Friedrich I., wandelten seine Söhne Adalbert, Dedo und Friedrich II. die Burg in ein Benediktinerkloster um. Zugehörig zum Kloster wurde eine romanische Kirche staufischen Typs mit Krypta und Westtürmen errichtet, die in Teilen heute noch erhalten ist und den architektonischen Glanzpunkt der heutigen Schlossanlage bildet. Trotz der umfangreichen Ländereien, mit denen Adalbert, der Erzbischof von Bremen war, und seine Brüder das Kloster ausgestattet hatten, kämpfte es laut Quellenberichten mit wirtschaftlichen Problemen. Auch die 1134 eingeführte Hirsauer Reform und die Neuansiedlung von Mönchen aus Pegau vermochten daran nichts zu ändern,

Blick in den Chor der ehemaligen Klosterkirche

und so begann man ab 1183 mit dem stückweisen Verkauf des klostereigenen Grundbesitzes. In sehr bescheidener Form existierte das Kloster noch bis 1540, ehe es dann im Zuge der Säkularisation vom zuständigen Landesfürsten Herzog Moritz von Sachsen aufgelöst und anschließend verkauft wurde. Den veränderten Besitz- und Nutzungsverhältnissen entsprechend, gestaltete man die einstige Klosteranlage um und errichtete auf dem Gelände ein schlichtes zweiflügliges Renaissanceschloss. Der für die neuen Bedürfnisse überdimensionierte romanische Kirchenbau des 11. Jahrhunderts wurde teils abgetragen, teils mit neuen Mauern parzelliert, so dass sich der Sakralraum nunmehr auf den quadratischen Chor und die Vierung beschränkte. Dieser verbliebene Teil wurde mit einer dreiseitigen, doppelgeschossigen Empore sowie einer Orgel ausgestattet und diente fortan als Schlosskirche. Trotz häufiger Besitzerwechsel erfuhr das Gosecker Schloss in den folgenden Jahrhunderten kaum noch Veränderungen und konnte bis auf ein zugefügtes spätbarockes Nebengebäude das Aussehen des 17. Jahrhunderts bewahren.

Die malerische Anlage aus dem Saaletal gesehen

Nach der Enteignung der letzten Besitzer 1945 diente das Schlossgebäude als Schule und Jugendherberge. Heute gehört das Ensemble der Kulturstiftung Sachsen-Anhalt, die sich mit großem Einsatz dem Erhalt und der Restaurierung des Schlosses widmet. So ist die Schlosskirche mit ihrer multimedialen Ausstellung zur Kloster- und Schlossgeschichte den Besuchern seit 2013 wieder innerhalb regelmäßiger Öffnungszeiten zugänglich. Außerdem beherbergt die Anlage das »Musik- und Kulturzentrum Schloss Goseck«, das zahlreiche Konzerte und Kulturveranstaltungen arrangiert.

Schloss Hundisburg

Mondäne Pracht mit zauberhaftem Barockgarten

Eine der eindrucksvollsten und schon allein wegen ihrer enormen Ausmaße besonders sehenswerten Schlossanlagen des Landes befindet sich in dem etwa 20 Kilometer nordwestlich von Magdeburg gelegenen Örtchen Hundisburg. Das weitläufige Ensemble, das zu den größten seiner Art im gesamten norddeutschen Raum zählt, besteht aus einem Schlosskomplex mit frühbarockem Hauptgebäude und einem vorgelagerten Garten.

Das Schloss erstreckt sich auf der markanten Naturformation eines nach drei Seiten zum Bebertal abfallenden Bergsporns, auf dem zuvor bereits eine Burg und ein Renaissanceschloss gestanden haben. Erbaut wurde es von Johann Friedrich II. von Alvensleben, einem Spross jenes weitverzweigten regionalen Adelsgeschlechts derer von Alvensleben, denen neben Hundisburg zahlreiche weitere Besitzungen im Gebiet von Altmark und Börde gehörten. Außer seiner ungewöhnlichen Größe weist das in den Jahren 1693 bis 1710 errichtete neue Hundisburger Schloss noch weitere kunst- und bauhistorische Besonderheiten auf.

Zu den Grundprinzipien barocker Baukunst gehört es, die angebliche Überlegenheit des Menschen über die Natur zu zeigen. In Hundisburg wurde dieses Prinzip eher umgekehrt, denn durch den Entschluss, an der Stelle des vorhandenen Schlosses zu bauen, machte man sich im hohen Maße von den örtlichen Geländeeigenschaften abhängig, die nur eine bestimmte bauliche Ausrichtung des Schlosses zuließen und auch dem dazugehörigen Garten klare Grenzen setzten.

Eine weitere Einschränkung der architektonischen Freiheit bedeutete die Einbeziehung vorhandener Bausubstanz, deren Abriss wohl aus Gründen feudalen Traditionsbewusstseins nicht infrage kam. Bei dieser Aufgabe entwickelte man jedoch einen bemerkenswerten Einfallsreichtum, indem man den mittelalterlichen Bergfried kurzerhand einbaute und ihn zu einem Eck-

Schloss Hundisburg – eine eindrucksvolle Barockanlage in ländlicher Umgebung

turm des Schlosses umfunktionierte. Um die Symmetrie des Gebäudes aufrechtzuerhalten, wurde er zudem an der Mittelachse gespiegelt und an der Nordseite ein identisch aussehendes, neuzeitliches Pendant hinzugefügt.

Eine weitere Besonderheit stellt die Fassadengestaltung mit ihrer ungewöhnlichen Kombination aus Risaliten und doppelstöckigen Arkaden dar. Sie geht höchstwahrscheinlich auf das Vorbild des kurz zuvor errichteten Schlosses Salzdahlum bei Wolfsburg zurück und ist sonst bei nur wenigen anderen Bauten der Zeit anzutreffen. Dank dieser Arkadenreihe wirkt der über 19 Fensterachsen gestreckte Schlosskörper mit seinen mäch-

Streng symmetrisch präsentiert sich der nach Originalplänen rekonstruierte Schlossgarten

tigen Risaliten und dem wuchtigen Walmdach nicht ganz so massig wie vergleichbare frühbarocke Anlagen, etwa Schloss Moritzburg in Zeitz oder Schloss Friedenstein in Gotha, sondern erhält in seiner Gartenansicht sogar eine gewisse, beinahe mediterran anmutende Leichtigkeit.

Oft wird gefragt, warum Johann von Alvensleben als Vertreter eines Geschlechts, das zwar einige regionale Bedeutung besaß, aber keineswegs zum Hochadel gehörte, eine Schlossanlage dieser Größenordnung bauen ließ, die sowohl für seinen Repräsentationsanspruch als auch für seine ökonomischen Verhältnisse zu überdimensioniert erscheint. Die Antwort ist wohl in der Vita des Erbauers zu suchen, der als Beamter am braunschweigischen wie am kurbrandenburgischen Hof wirkte. Besonders im Braunschweiger Herzog Anton Ulrich fand Johann von Alvensleben einen Förderer, der dem Schlossneubau positiv gegenüberstand, dass er ihn personell durch verschiedene an seinem Hof beschäftigte Handwerker und Sachleistungen wie kostenlos überlassenem Baumaterial unterstützte.

In der baugeschichtlichen Forschung zum Schloss wird zudem die These vertreten, dass Hundisburg als Verhandlungsort konzipiert worden war, an dem sich Vertreter des Hofes Braunschweig-Wolfenbüttel und des brandenburgischen Hofes auf »neutralem« Boden treffen konnten. Die mondäne Atmosphäre des Hauses ermöglichte den zu erwartenden Gästen einen angenehmen Rahmen für ihre Besprechungen und überspielte zudem auch die provinzielle Aura des angrenzenden Dorfes. Nachweisbar ist indes nur ein einziges Treffen im Jahr 1696, bei dem der Braunschweiger Herzog Anton Ulrich und der Brandenburger Oberpräsident Eberhard von Danckelmann auf Schloss Hundisburg weilten, um sich in Geheimgesprächen über eine gemeinsame Politik gegenüber Hannover zu verständigen.

Spätere Besuche der Könige Friedrich I., Friedrich Wilhelm I. und Friedrich II. bezeugen ein dauerhaft gutes Verhältnis der von Alvensleben gegenüber Preußen. Anfang des 19. Jahrhunderts geriet die Familie jedoch in wirtschaftliche Schwierigkeiten und musste 1811 das Schloss und den Park verkaufen. Neuer Eigentümer war der Magdeburger Kaufmann Johann Gottlob Nathusius, in dessen Familienbesitz die Anlage bis zur Enteignung im Jahr 1945 verblieb.

Mit dem Ende der privaten Nutzung des Anwesens begann die dunkelste und unheilvollste Epoche des Schlosses, in der sogar seine weitere Existenz infrage gestellt werden sollte. Einquartierte sowjetische Soldaten verursachten am 28. November 1945 einen Brand, der etwa zwei Drittel des Hauptgebäudes zerstörte und das Schloss praktisch zur Ruine machte. An diesem bedauernswerten Zustand änderte sich während der gesamten DDR-Epoche nicht viel, auch wenn 1963 erste zaghafte Versuche eines Wiederaufbaus unternommen wurden.

Das Wappen derer von Alvensleben ziert das Eingangstor zur Schlossanlage

Erst mit der deutschen Einheit begann für Schloss Hundisburg eine Phase des Neubeginns und eine schrittweise Wiederherstellung der vergangenen Pracht. Das Hauptgebäude bekam ein neues Dach, auch der barocke Garten erhielt unter Zuhilfenahme vorhandener Originalpläne sein historisches Gesicht zurück. Ein örtlicher Verein bewirtschaftet und erforscht das Schloss und organisiert die Gastronomie und kulturelle Veranstaltungen. Auch eine Schau- und Mitmachbrauerei nennt das Schloss sein Eigen.

Konradsburg

Von der Burg zum Kloster

Etwa einen Kilometer südlich des Ortes Ermsleben erhebt sich auf einer Anhöhe die Konradsburg. Heute erinnert nur noch der Name an die ehemalige Wehranlage. Von ihren Bauten des 11. Jahrhunderts gibt es keine sichtbaren Überreste, denn die Burg hatte bereits im hohen Mittelalter ihre ursprüngliche Funktion als Residenz verloren. Die ehemaligen Besitzer und Namensgeber der Burg, die Herren von Konradsburg, verließen zur Mitte des 12. Jahrhunderts ihren alten Stammsitz und bezogen etwa 15 Kilometer südwestlich im Selketal die neu errichtete Burg Falkenstein. Aus der aufgegebenen Burg wurde zunächst ein Augustiner-Chorherrenstift und später ein Benediktinerkloster. Die ältesten erhaltenen Teile der Konradsburg stammen aus dieser Zeit der sakralen Nutzung. Von der um das Jahr 1200 erbauten Basilika haben der Chor, die unter ihm liegende Krypta und Teile der nördlichen Querhauswand die Jahrhunderte überdauert. Als kunsthistorisch bedeutsam gilt vor allem die gut erhaltene romanische Krypta mit ihren unterschiedlich gestalteten Säulen, auf denen ein wuchtiges Kreuzgratgewölbe ruht. Die prunkvolle Bearbeitung der Säulen, insbesondere die künstlerische Ausgestaltung der Kapitelle in ornamentaler und floraler Plastik, bezeugt das hohe Niveau der mittelalterlichen Steinmetzkunst und setzt einen Kontrapunkt zu der sonst eher nüchternen und streng gehaltenen Architektur der Romanik.

Nachdem sie wohl mit wirtschaftlichen Schwierigkeiten zu kämpfen hatten, gaben die Benediktiner das Kloster in der zweiten Hälfte des 15. Jahrhunderts auf. Die monastische Tradition wurde zwar durch die Ansiedlung von Erfurter Kartäusermönchen ab dem Jahr 1477 fortgeführt, einen dauerhaften kulturellen oder wirtschaftlichen Aufschwung erlebte das Kloster jedoch nicht mehr. Nachdem im Bauernkrieg aufständische Bauern die Konradsburg geplündert und die Kirche in Brand ge-

Einzig der Chor blieb von der einstigen Stiftskirche erhalten

steckt hatten, verließen die Kartäusermönche den Ort. In den folgenden Jahrhunderten wurde die Konradsburg vorwiegend als bäuerlicher Gutshof genutzt. Infolge der veränderten Verhältnisse kam es zwischen 1536 und 1541 zu einem teilweisen Abriss der alten Klosterkirche. Als neue Besitzer der Konradsburg traten die Herren von Hoym in Erscheinung, die sie jedoch 1713 an den preußischen Staat verkauften. Von 1721 bis zum Ende des Zweiten Weltkriegs blieb die Konradsburg Staatsdomäne unter verschiedenen Pächtern. Mit dem kulturellen Erbe wurde dabei wenig sachgerecht umgegangen. So diente das Sanktuarium der alten Kirche als Scheune, und die Krypta hatte man gar zum Schweinestall umfunktioniert. Auch in der DDR-Zeit wurde der kunsthistorische Wert der Konradsburg zunächst nicht angemessen gewürdigt. Erst Anfang der Achtzigerjahre begann man die Anlage bautechnisch zu sichern und sie wissenschaftlich zu untersuchen. Heute wird die Konradsburg von der Kulturstiftung Sachsen-Anhalt betreut und kann im Rahmen eines geführten Rundgangs besichtigt werden. Besonders sehenswert ist die sanierte Krypta.

Schloss Köthen

Wo Johann Sebastian Bach Hofkapellmeister war

Schloss Köthen, die ehemalige Residenz der Fürsten von Anhalt-Köthen, liegt mitten im Herzen der Stadt. Das Schloss geht auf eine 1396 erstmalig genannte, an der Ziethe gelegene Wasserburg zurück. Doch Münzen aus jener Zeit, die mit der Aufschrift »kotene civitas« geprägt wurden, lassen darauf schließen, dass diese Burg mit großer Wahrscheinlichkeit schon seit längerer Zeit existierte. Noch ältere Spuren einer befestigten Siedlung in Form einer slawischen Wallburg konnten durch archäologische Untersuchungen belegt werden. Die umfangreichen ausgegrabenen Artefakte lassen vermuten, dass jene Burg den ältesten Siedlungskern Köthens darstellt, um den herum sich später die Stadt entwickelte. Im späten Mittelalter avancierte Köthen zur Hauptresidenz der anhaltischen Fürsten. Nachdem ein Brand 1547 den Vorgängerbau des jetzigen Schlosses fast vollständig vernichtet hatte, konzentrierten die Fürsten ihre Bautätigkeit zunächst auf ihr Dessauer Schloss, ehe sie sich Ende des Jahrhunderts zu einem Neubau in Köthen entschlossen. Von 1597 bis 1608 entstand unter den Baumeistern Peter und Franz Niuron ein eher schlichtes dreigeschossiges Renaissanceschloss mit zwei symmetrischen sechseckigen Treppentürmen und einer hofseitigen, offenen Korbbogenarkade. Die zunächst zweiflüglige Anlage wurde in den folgenden Jahrzehnten durch Wirtschaftsgebäude und ein mit Arkaden flankiertes Lusthaus ergänzt. Nach der Teilung der anhaltischen Gebiete in fünf eigenständige Fürstentümer im Jahr 1603 wurde das Schloss die Residenz der jüngeren Linie Anhalt-Köthen und dementsprechend auf eine repräsentative Hofhaltung ausgerichtet. Als ein Zwergstaat mit geringer politischer und wirtschaftlicher Bedeutung war es für Anhalt-Köthen naturgemäß schwer, seinem Fürstenhaus einen besonderen Glanz zu verleihen. Trotz der schlechten Voraussetzungen gelangte der Anhalt-Köthener Hof im kulturellen Bereich zu einer bemerkenswerten Blüte. Fürst Ludwig von Anhalt-Köthen, ein der Wissenschaft und der Bildung zugewandter Monarch, machte Köthen zum Sitz der »Fruchtbringenden Gesellschaft«, einem exklusiven Sprachverein, der sich die Pflege der deutschen Sprache zum Ziel gesetzt hatte. Das alles überstrahlende Glanzlicht der Köthener Kulturentwicklung setzte jedoch sein Nachfolger Fürst Leopold, dem es gelang, mit Johann Sebastian Bach einen Komponisten, der später Weltruhm erlangen sollte, als Hofkapellmeister zu verpflichten. Von 1717 bis 1723 wirkte Bach in Köthen und verfasste hier so bekannte Werke wie das »Wohltemperierte Klavier« und die »Brandenburgischen Konzerte«. Bach selber bezeichnete die Zeit in Köthen als die glücklichste in seinem Leben. Heute erinnert eine im Ludwigsbau des Schlosses untergebrachte Bachgedenkstätte mit vielen Originalinstrumenten aus der Barockzeit an das Schaffen des großen Komponisten an diesem Ort.

Erst 100 Jahre nach Bachs Weggang erlebte Köthen unter Herzog Ferdinand einen nochmaligen kulturellen Aufschwung, der sich vorrangig in architektonischer Form äußerte. Das Schloss erfuhr eine klassizistische Umgestaltung und eine Erweiterung um mehrere Funktionsbauten, wie eine Reithalle und eine katholische Kirche.

Der im frühen 19. Jahrhundert erbaute Ferdinandsbau – im Obergeschoss befindet sich der ehemalige Regierungssaal

Jene Reithalle wurde 1941 durch einen Brand schwer beschädigt und verblieb dann für viele Jahre in ihrem ruinösen Zustand. Nach einer erfolgreichen Sanierung und Umgestaltung wird sie heute als Konzertsaal und multifunktionales Veranstaltungszentrum genutzt. Außerdem befinden sich im Schloss das historische Museum mit Bachgedenkstätte und Spiegelsaal, das Prähistorische sowie das Naumann-Museum, das Stadtarchiv und eine Musikschule.

Schloss Leitzkau

Weserrenaissance im Jerichower Land

Schon aus der Ferne sieht man die markante Silhouette von Schloss Leitzkau, die das flache und von Feldern überzogene Land überragt. Wenn man die prächtige Renaissance-Anlage erreicht und den Blick ein wenig schweifen lässt, fallen einem unweigerlich die aus einer älteren Epoche stammenden Gebäudeteile auf, die in die Gesamtanlage integriert sind. Es handelt sich dabei um die Reste einer einst dreischiffigen romanischen Basilika aus dem 12. Jahrhundert, die in späteren Zeiten zurückgebaut wurde. Ihre ursprüngliche Form kann man nur erahnen. Sie gibt jedoch einen Hinweis auf die Rolle des Ortes im Mittelalter, denn in seiner frühen Phase war Leitzkau vor allem ein geistliches Zentrum, dessen Hauptaugenmerk auf die Slawenmission und die religiöse Durchdringung des Raums östlich der Elbe gerichtet war. Seit dem frühen 12. Jahrhundert bestand in Leitzkau ein Prämonstratenser-Chorherrenstift, das von Bischof Wigger von Brandenburg geweiht worden war. Es fungierte anfangs als provisorisches Zentrum des im Wiederaufbau begriffenen Bistums Brandenburg und besaß zunächst sogar das Recht zur Bischofswahl. Dementsprechend großzügig wurde die zum Konvent gehörige Kirche in Form einer doppeltürmigen Pfeilerbasilika gestaltet. Bei ihrer Weihe waren der Magdeburger Erzbischof Wichmann und Albrecht der Bär, der Begründer der Mark Brandenburg, persönlich anwesend. Im Zuge des Wiedererstarkens des Brandenburger Domkapitels verlor Leitzkau seine herausragende Stellung innerhalb des Bistums und besaß nur noch eine begrenzte regionale Ausstrahlung. Der gegen Ende des 15. Jahrhunderts fortschreitende Verfall des Konvents und das Einsetzen der Reformationsbewegung veranlassten schließlich den Brandenburger Kurfürsten Joachim II., die Verhältnisse in Leitzkau neu zu regeln. Zunächst von einem Amtmann verwaltet und verpfändet, wurde das ehemalige Kloster im April 1564 an

Das beeindruckende Gesamtensemble ist heute Sitz der Kulturstiftung Sachsen-Anhalt – im Vordergrund das mit Fachwerk verzierte Hobeckschloss

den Söldnerführer Oberst von Münchhausen für 70.000 Taler verkauft. Der weitläufig mit dem später lebenden »Lügenbaron« von Münchhausen verwandte Offizier begann unverzüglich mit der Errichtung eines repräsentativen Wohnschlosses. Dabei orientierte sich der aus dem Weser-Ems-Raum stammende Adlige an der architektonischen Formensprache seiner Heimat und ließ den Neubau im Stil der sogenannten Weserrenaissance ausführen. In Sachsen-Anhalt gilt das Leitzkauer Schloss als alleiniges Beispiel dieser speziellen Architekturform, die westeuropäische und italienische Elemente in sich vereint. Auf dem Grundriss des Klosters entstand zunächst der als »Neuhaus« bezeichnete dreigeschossige Westflügel des Schlosses, der rechtwinklig mit der Klosterkirche verbunden wurde. Die romanische Basilika erfuhr eine tiefgreifende Veränderung, als man ihr die Seitenschiffe, den Chor

und die drei Apsiden entfernte, um an Baumaterial für den Schlossbau zu gelangen. Parallel zum Neuhaus wurde zum Ende des 16. Jahrhunderts der Ostflügel der Schlossanlage errichtet. Dieser »Althaus« genannte Gebäudeteil wurde im Zweiten Weltkrieg durch Bomben beschädigt und 1945 komplett abgetragen. Zuletzt baute man ein nördlich des Althauses bestehendes Gebäude, in dem vermutlich der Propst gewohnt hatte, ebenfalls im Renaissancestil aus. Jener nördliche Trakt, der nach einem kleinen Nachbarort den Namen Hobeckschloss erhielt, war über einen viergeschossigen, rechtwinklig umbrechenden Arkadengang mit dem Althaus verbunden. Bis heute bilden die auch als Loggien bezeichneten Arkaden mit ihren reichen Baluster- und Pfeilerverzierungen das architektonische Glanzstück des Leitzkauer Ensembles.

Nach seiner Fertigstellung wurde das Schloss praktisch nicht verändert und konnte so – abgesehen von dem kriegsbedingten Abbruch des Schlosses Althaus – seine Stilreinheit bewahren. Im Jahr 1679 kam es infolge einer Erbteilung zu einer Trennung des Schlossbesitzes und zur Aufspaltung der Familie in die Linien Althaus und Neuhaus. Um die im Unfrieden vollzogene Erbteilung auch äußerlich sichtbar zu machen, wurde tatsächlich in der Mitte des Schlossinnenhofes eine Mauer gezogen, die die beiden Familien fortan voneinander separierte. Dieses Kuriosum bestand bis zur Enteignung der Münchhausens im Jahr 1945.

Die nach italienischen Vorbildern gestalteten Renaissanceloggien des Hobeckschlosses – im Hintergrund Schloss Neuhaus

Eingangstor zum Schlossinnenhof

Nach dem Krieg wohnten bis 1960 im Schloss Flüchtlinge, danach wurde es als Schule genutzt. Heute ist die prachtvolle Anlage Verwaltungssitz der für viele Schlösser und Burgen des Landes zuständigen Kulturstiftung Sachsen-Anhalt.

Jagdschloss Letzlingen

Hofjagden mit Kaisern, Bismarck und Hindenburg

Tief in der Letzlinger Heide befindet sich das anmutige Jagdschloss Letzlingen. Bei der Anlage handelt es sich um das einzige erhalten gebliebene Hohenzollernschloss in Sachsen-Anhalt. Obwohl die Altmark mit der darin befindlichen Letzlinger Heide von Anfang an Bestandteil der 1157 von Albrecht dem Bären begründeten Mark Brandenburg war und damit zu den Kernlanden des späteren Preußen gehörte, gibt es kaum bauliche Zeugnisse, die die jahrhundertelange Herrschaft über diesen Raum dokumentieren. Anders als die Askanier und die Wettiner, die in der Mitte und im Süden des heutigen Bundeslandes beeindruckende Residenzschlösser errichteten, haben die seit 1417 in Brandenburg regierenden Hohenzollern mit Schloss Letzlingen nur einen bescheidenen architektonischen Fußabdruck im Norden Sachsen-Anhalts hinterlassen.

Im 1555 durch Kauf erworbenen kleinen Örtchen Letzlingen ließ sich Kurprinz Johann Georg von Brandenburg in den Jahren 1559 bis 1563 ein Jagdschloss erbauen, das den prosaischen Namen »Hirschburg« erhielt. Charakteristische Elemente des heutigen Schlosses wie der quadratische Hauptbau, die von vier Ecktürmen eingefasste Mauer und der Wassergraben gehen auf diesen Vorgängerbau zurück. Bis in die Zeit des Dreißigjährigen Krieges war das Jagdschloss Zentrum zahlreicher Hofjagden, an denen viele Vertreter des regionalen Adels als Gäste teilnahmen.

Da sich in der Folgezeit das Interesse der Hohenzollern auf andere Jagdgebiete richtete, schien das Schloss seine beste Zeit bereits hinter sich zu haben. Erst als im Jahr 1843 der preußische König Friedrich Wilhelm IV. bei einer Altmark-Reise das vergessene Jagdschloss seiner Ahnen aufsuchte und Gefallen an der Anlage fand, erwachte die alte »Hirschburg« zu neuem Leben. Der König ließ das Schloss im neogotischen Stil wieder herrichten und ergänzte es um eine im eng-

Das sorgsam restaurierte neogotische Schloss erstrahlt wieder in alter Pracht

lischen Tudorstil errichtete Kirche. Unter Friedrich Wilhelm IV. sowie unter seinen Nachfolgern Kaiser Wilhelm I. und Kaiser Wilhelm II. fanden in Letzlingen erneut glanzvolle Hofjagden in illustrer Gesellschaft statt. Zu den prominentesten Jagdgästen gehörten der Reichskanzler Bismarck, der spätere Reichspräsident Hindenburg sowie der habsburgische Thronfolger Franz Ferdinand von Österreich.

Nach dem Ersten Weltkrieg und der Abdankung des deutschen Kaisers wurde das Jagdschloss als Schule genutzt, zu DDR-Zeiten war hier eine Außenstelle des Krankenhauses Gardelegen untergebracht. Seit 1996 befindet sich die Anlage im Besitz der Stiftung Schlösser, Burgen und Gärten des Landes Sachsen-Anhalt, die eine umfassende Sanierung und Restaurierung des heruntergekommenen Schlosses einleitete. 2001 wurde das Jagdschloss wieder der Öffentlichkeit zugänglich gemacht und ein Museum eröffnet, das über die Baugeschichte des Hauses und über die Geschichte der Jagd in der Letzlinger Heide informiert.

Schloss Mansfeld

Einst stärkste Festung des Harzes

Inmitten der östlichen Ausläufer des Harzes erhebt sich auf einem steil abfallenden Hochplateau das Mansfelder Schloss. Die weitläufige Anlage war einst der Sitz der Grafen von Mansfeld, eines sehr alten Harzgrafen-Geschlechts. Sein Herrschaftsgebiet erstreckte sich über große Teile des östlichen Harzes und des südöstlichen Vorharzes.

Die Mansfelder Grafen, deren ältere Linie seit dem 11. Jahrhundert in »Mannesfeld« regierte, errichteten hier eine Burganlage, von der jedoch keine baulichen Reste erhalten sind. Als 1229 mit Burchard I. die sogenannte Hoyer'sche Linie der Mansfelder im Mannesstamm ausstarb, fiel die Grafschaft an seinen Schwiegersohn, den Querfurter Burggrafen Burchard II.

Die von Burchard II. und seiner Frau Sophia von Mansfeld neu begründete jüngere Linie der Mansfelder Grafen musste sich zunächst der umliegenden Territorialfürsten erwehren, die in verschiedenen Fehden versuchten, die wirtschaftlich blühende Grafschaft unter ihre Kontrolle zu bringen. Nach mehreren erfolglosen Belagerungen der Mansfelder Burg durch den Bischof von Halberstadt, Albrecht, und den Markgrafen von Meißen, Friedrich III., gelang es schließlich, die Herrschaft zu konsolidieren und die Eigenständigkeit der Grafschaft zu sichern.

1501 spaltete sich das Mansfelder Grafenhaus trotz eines formell bestehenden Teilungsverbots in drei Erblinien. Entgegen der sonst üblichen Praxis, die Ländereien untereinander aufzuteilen, blieb die Grafschaft als Ganzes bestehen, wurde nun aber von den Oberhäuptern der drei Teillinien gemeinsam regiert. Um die Eigenständigkeit und die Gleichrangigkeit der drei Mansfelder Grafengeschlechter nach außenhin sichtbar zu machen, begann man auf dem Burgberg für jede der drei Familien ein neues repräsentatives Wohnschloss zu errichten. So entstanden nebeneinander aufgereiht die Schlösser Vorderort,

Das neogotisch überformte Schloss Vorderort – heute eine christliche Jugend- und Begegnungsstätte

Mittelort und Hinterort, deren Namen fortan auch als Bezeichnung der drei genealogischen Linien dienten. Die bis 1532 im Stil der Renaissance fertiggestellten Mansfelder Schlösser gehören zu den frühesten Beispielen ihrer Art in Mitteldeutschland und standen als Gesamtanlage in einer Reihe mit den großen Renaissance-Schlössern in Dessau, Merseburg und Bernburg. Als zusätzliche Besonderheit erhielten sie in den Jahren 1517 bis 1549

Aus der Luft sind die Reste der einstigen Festungsbauwerke gut zu erkennen

eine Befestigungsanlage, die der Nürnberger Zeug- und Festungsbaumeister Matern Harder nach allen Regeln der frühneuzeitlichen Bastionsbaukunst gestaltete.

Bis in das 17. Jahrhundert wurden die Verteidigungsanlagen ständig verbessert und ausgebaut, sodass Mansfeld zur stärksten Festung im gesamten Harzgebiet aufstieg. Die anhaltende Bautätigkeit der Grafen, die zeitgleich mit den Mansfelder Schlössern noch eine weitere große Festung in Heldrungen und das Schloss Seeburg am Süßen See errichten ließen, überstieg jedoch auf Dauer die ökonomische Leistungsfähigkeit der Grafschaft. Die Unterhaltungskosten der verschiedenen Bauten und die Versorgungsansprüche der durch einen außergewöhnlichen Kinderreichtum gesegneten Grafenlinien führten Mitte des 16. Jahrhunderts zu einer ernsten Finanzkrise, die den weiteren Fortbestand der Grafschaft gefährdete. 1566 waren die Schulden so stark angewachsen, dass sich die übergeordneten Lehnsherren Kursachsen, das Erzstift Magdeburg und das Hochstift Halberstadt, zum Eingreifen genötigt sahen und die Gebiete der Grafschaft unter Zwangsverwaltung stellten.

Da die nach der Sequestration völlig verarmten Mansfelder Grafenfamilien nicht mehr die Mittel zum Erhalt ihrer Schlösser aufbringen konnten, verfielen diese in den folgenden Jahrzehnten. Allein Schloss Vorderort blieb in seiner Bausubstanz erhalten und konnte später erneut bezogen werden. Die Festung Mansfeld, die zunächst an das Erzbistum Magdeburg fiel und im Dreißigjährigen Krieg mehrfache Belagerungen überstand, wurde 1672 auf einen Beschluss des Leipziger Kreistages hin geschleift, sodass heute nur noch wenige Reste der einst mächtigen Bastion erkennbar sind.

Das erhalten gebliebene Schloss Vorderort wurde nach dem Aussterben der Mansfelder Grafen im Jahr 1780 kurzzeitig als preußische Domäne genutzt, ehe es 1790 durch Verkauf in private Hände fiel. 1859 gelangte es an den Baron Adolf von der Recke, der umfangreiche Instandsetzungs- und Umbauarbeiten an dem Gebäude vornehmen ließ. Auch wenn die heutige Gestalt von Schloss Vorderort wesentlich durch die historistische Überformung im neogotischen Stil bestimmt wird, ist doch an einigen Elementen, wie dem aus der Fassade hervorspringenden Treppenturm, noch die Herkunft des Hauses aus der Renaissancezeit zu erkennen. Heute ist im Schloss eine christliche Jugendbildungs- und Begegnungsstätte mit Tagungs-, Seminar- und Gästeräumen, ein Trauzimmer sowie das Schloss-Café »Wächterstube« mit einer Ausstellung zur Schlosshistorie untergebracht.

Das winterliche Schloss über der alten Bergmannsstadt Mansfeld

Schloss Merseburg

Deutsche Kaiser und Könige hielten hier Hof

Merseburg ist eine der ältesten und geschichtsträchtigsten Städte in Sachsen-Anhalt. Anfang des 11. Jahrhunderts verfasste hier Bischof Thietmar von Merseburg seine Chronik zur Ottonenzeit. 1841 wurden in einer Pergamenthandschrift des Domkapitels die sogenannten »Merseburger Zaubersprüche«, die einzigen deutschen Sprachzeugnisse aus vorchristlicher Zeit, gefunden. Wie bei vielen Ortsgründungen des frühen Mittelalters waren auch in Merseburg die spezifischen topografischen Verhältnisse für die Ansiedlung entscheidend. Ein lang gestreckter schmaler Bergrücken am westlichen Saaleufer bot die idealen Voraussetzungen für eine befestigte Siedlung, von der aus man den Flussübergang kontrollieren und sich selbst gut verteidigen konnte. Aus der bereits in karolingischer Zeit bestehenden Burg entwickelte sich im 10. Jahrhundert das Königsgut Merseburg, das zu den bedeutendsten und wirtschaftlich stärksten im sächsischen Raum zählte. Entsprechend oft hielten deutsche Kaiser und Könige hier Hof, allein von Heinrich II., dem letzten ottonischen Kaiser, sind 25 Aufenthalte bezeugt.

Die weitere Entwicklung Merseburgs wurde von einem Ereignis bestimmt, das im Jahr 955 etwa 500 Kilometer entfernt in Bayern stattfand. Der Überlieferung nach gelobte König Otto I. am Morgen der Entscheidungsschlacht gegen die Ungarn, dem heiligen Laurentius in Merseburg ein Bistum zu errichten, wenn der ihm zu Schlachtenglück verhelfe. Tatsächlich errangen die deutschen Heere in der Schlacht auf dem Lechfeld den Sieg gegen die ungarischen Reiterverbände. Dreizehn Jahre später verwirklichte Otto, der aufgrund des Erfolges den Beinamen der Große erhielt, sein Versprechen und erhob Merseburg zum Bischofsitz. Unter Otto II. wurde das Bistum kurzzeitig aufgelöst, aber 1004 unter Heinrich II. wiederhergestellt. Innerhalb der Kirchenprovinz Magdeburg existierte Merseburg fortan als geistli-

Von Licht durchflutet – Das Eingangsportal zum Innenhof

Der steinerne Rabenkäfig hält die Erinnerung an die bekannte Sage lebendig

ches Fürstentum bis in die Zeit der Reformation. Bis dahin hatten die Bischöfe eine rege Bautätigkeit entfaltet und mit der Kombination eines Doms mit einem Schloss ein Bauensemble geschaffen, das in Mitteldeutschland seinesgleichen sucht. Die Bischofskirche, von deren romanischen Ursprüngen noch die stilreine Hallenkrypta erhalten ist, wurde mehrfach umgestaltet und hat heute den Charakter einer spätgotischen Hallenkirche. Im Dom befindet sich die mit einem frühromanischen Relief versehene bronzene Grabplatte des deutschen Gegenkönigs Rudolf von Schwaben. Mit der figürlichen Darstellung des Bestatteten gilt sie als das älteste datierbare Bildnis-Grabmal in Deutschland überhaupt. Im Norden schließt sich an den Dom das Schloss an, dessen Bau in den Achtzigerjahren des 15. Jahrhunderts unter Bischof Thilo von Trotha begonnen wurde. Die großzügige, im Renaissancestil errichtete Dreiflügelanlage umschließt zusammen mit der Längsseite des Domes den nahezu quadratischen Innenhof.

Mit dem Tod des letzten katholischen Bischofs endete vorerst die Epoche der staatlichen Eigenständigkeit Merseburgs. Durch die folgende Säkularisierung gelangte das Stiftsgebiet an das albertinische Sachsen. Nach dem Tod des sächsischen Kurfürsten Johann Georg I. erhielt 1656 der dritt-

älteste Sohn das Merseburger Territorium als Herzogtum. Anders als seine Brüder Moritz und August, die in Zeitz bzw. Weißenfels komplett neue Residenzen errichten ließen, konnte Herzog Christian I. von Sachsen-Merseburg auf das bereits vorhandene Schloss zurückgreifen, an dem er nur wenige Umbauten im frühbarocken Stil vornehmen ließ. Neu geschaffen wurden dagegen der Schlossgarten und der sich daran anschließende Schlossgartensalon. Nach dem Aussterben der Seitenlinie fiel Merseburg 1738 wieder an Kursachsen zurück. Durch die Bestimmungen des Wiener Kongresses wurde Merseburg preußisch und entwickelte sich als Sitz des Provinziallandtages der neuen preußischen Provinz Sachsen zu einer Beamtenstadt.

Bei schweren Luftangriffen während des Zweiten Weltkriegs wurde der Ostflügel des Schlosses durch Bomben zerstört. Er konnte bis 1972 wieder rekonstruiert werden. Heute sind im Schloss das Kulturhistorische Museum Schloss Merseburg mit seinen Abteilungen zur Schloss-, Stadt- und Regionalgeschichte sowie die Kreisverwaltung des Landkreises Saalekreis einschließlich der Kreismusikschule untergebracht.

Saaleansicht des Schloss-Dom-Ensembles

Die Moritzburg

Klassische Moderne in altem Gemäuer

Nicht weit vom Zentrum in Halle steht an einem Nebenarm der Saale die Moritzburg. Die ebenso wie die Burg Giebichenstein als erzbischöfliche Residenz genutzte Anlage entstand ab 1479.

Die trutzig und äußerst wehrhaft wirkende Burg wurde jedoch nicht zum Schutz der Saalestadt errichtet, sondern um den verloren gegangenen erzbischöflichen Machtanspruch über Halle wiederzugewinnen und dauerhaft zu sichern. Zuvor hatte für etwa zwei Jahrhunderte eine vorwiegend aus reichen Salzsiedern bestehende Patrizierschicht die Stadt faktisch selbstständig regiert. Erst eine innerstädtische Oppositionsbewegung ermöglichte es dem Landesherrn, seine Macht wiederzuerlangen. Sie öffnete den erzbischöflichen Truppen im Jahr 1479 die Stadttore.

Noch im selben Jahr begannen die Planungs- und Vermessungsarbeiten für eine mächtige Zwingburg, die zudem als repräsentative Residenz dienen sollte. Am 25. Mai 1484 legte Erzbischof Ernst II. von Sachsen, ein jüngerer Bruder des späteren Kurfürsten Friedrich des Weisen, den Grundstein für die Wehranlage, die nach dem Schutzheiligen des Bistums, dem Hl. Mauritius, Moritzburg genannt wurde. In 19 Jahren Bauzeit entstand eine eindrucksvolle, leicht trapezförmige Vierflügelanlage mit einem Grundriss von etwa 72 mal 85 Metern, deren Ecken von mächtigen, vierstöckigen Rundtürmen eingefasst wurden. Die drei flussabgewandten Seiten der Burg wurden durch einen 10 Meter tiefen und 20 Meter breiten sumpfigen Burggraben geschützt, über den eine hölzerne Zugbrücke führte, die später in der Barockzeit durch eine feste Brücke aus Stein ersetzt wurde.

Das Innere der Moritzburg wurde für den Burgherrn und seinen Hofstaat prächtig ausgestaltet. Den östlichen Teil der Anlage bildet die kunsthistorisch bedeutende Maria-Magdalenen-Kapelle, die 1509 geweiht und be-

Die spätgotische Moritzburg – Ansicht der Gesamtanlage von Nordwesten

sonders reich ausgestattet wurde. Im Südflügel befanden sich die Wohnung des Burghauptmanns, die unterirdische Münzstätte sowie verschiedene Wirtschaftsräume. Da die Bauphase zwischen ausklingendem Mittelalter und beginnender Neuzeit lag, weist die Anlage Merkmale beider Epochen auf. So spiegelt ihr erkennbar von der Albrechtsburg in Meißen beeinflusster Bauschmuck noch vorwiegend die Spätgotik wider, während einige Elemente wie die Giebel der Zwerchhäuser schon im Stil der Renaissance ausgeführt wurden. Auch der Klassifizierung als mittelalterliche Burg wird die Moritzburg nur bedingt gerecht, vielmehr vereint sie die Defensivkraft einer frühneuzeitlichen Festung mit dem Residenzkonzept eines weiträumigen Wohnschlosses.

Ihre Glanzzeit als landesherrliche Residenz erlebte die Moritzburg unter Erzbischof Albrecht von Brandenburg. Er regierte von 1513 bis 1541 in Halle. Albrecht, der 1514 zusätzlich zum Erzbischof von Mainz gewählt wurde und damit zum mächtigsten deutschen Kirchenfürsten aufstieg, betrieb eine prunkvolle Hofhaltung. Seine Ämterhäufung – Albrecht bekleidete als Mainzer Metropolit zusätzlich die

Stellung als Kurfürst und Erzkanzler des Reiches – war eigentlich unzulässig und musste beim Papst gegen Zahlung gewaltiger Summen, die vorwiegend zum Bau des Petersdoms verwandt wurden, erst legitimiert werden. Um die immensen Summen aufzubringen, förderte Albrecht den Ablasshandel in seinem Herrschaftsgebiet. Das Prinzip der Erlassung von Sünden gegen Zahlung eines gewissen Geldbetrags und die missbräuchliche Anwendung des Ablasses in der Praxis veranlassten schließlich den Wittenberger Professor Martin Luther zum Anschlag seiner berühmt gewordenen 95 Thesen.

Ostseite der Moritzburg mit Haupteingang, im Vordergrund der Stumpf des Nordostturms

Der Thesenanschlag, der die Reformation auslöste und in eine bis heute bestehende Kirchenspaltung mündete, blieb auch für den 1518 zum Kardinal ernannten Albrecht nicht ohne Folgen. 1541 hatte sich die öffentliche Stimmung in Halle so gegen ihn gewandt, dass er nach Mainz fortging. Bei seinem Rückzug aus der Saalestadt nahm er einen Großteil der zuvor gestifteten Kirchenschätze, unter anderem viele Stücke aus der als »Hallesches Heiltum« bekannten Reliquiensammlung, mit nach Mainz. Auf diesem Wege verloren die Maria-Magdalenen-Kapelle und der mit 16 Cranach-Altären geschmückte Hallesche Dom einen bedeutenden Teil ihrer Innenausstattung.

In den Wirren des Dreißigjährigen Krieges wurde die Burg von verschiedenen Kriegsparteien, unter ihnen die Truppen Wallensteins und Tillys, belagert und besetzt. Im Jahr 1637 brach während einer Belagerung durch schwedische Truppen ein Feuer aus, das den Nord- und den Westflügel sowie die Kapelle zerstörte. Im weiteren Verlauf des Krieges sprengten sächsische Truppen bei einer erneuten Belagerung die Südwestbastion mit einer Mine und zwangen dadurch die diesmal als Verteidiger agierenden Schweden zur Kapitulation. Die zerstörten Gebäudeteile wurden mit Ausnahme der Kapelle nicht wieder aufgebaut, sodass die Burg ihre strategische Funktion einbüßte. Nach den Bestimmungen des Westfälischen Friedens fiel die Moritzburg 1680 an Kurbrandenburg, das die Anlage 1717 dem Alt-Anhaltischen Regiment zur Nutzung übertrug. Aus dieser Zeit stammt das zwischen Torturm und Kapelle errichtete barocke Gebäude, in dem ein Lazarett untergebracht war.

Erst im ausgehenden 19. Jahrhundert, als der bauliche Verfall bereits bedrohlich fortgeschritten war, begann sich mit der Gründung eines städtischen Museums eine neue Nutzungsperspektive für die Moritzburg abzuzeichnen. Thematischer Schwerpunkt des neuen Museums war von Anfang an die moderne Kunst. Die Sammlung verfügt über Werke bedeutender Expressionisten wie Lyonel Feininger, Franz Marc, Paul Klee und des großen Impressionisten Max Liebermann.

Während der Zeit des Nationalsozialismus musste das Museum tiefe Einschnitte in seinen Sammlungsbestand hinnehmen, da viele Werke der Moderne als entartet galten und ausgesondert werden mussten. Trotz großer Bemühungen bereits kurz nach Ende des Krieges konnten bis heute nicht alle der verlorengegangenen Objekte wiederbeschafft werden.

Innenhof mit Blick auf den Torturm, in dem sich das Atelier vom Lyonel Feininger befand

Um der hochkarätigen und stetig anwachsenden Sammlung ein den heutigen Standards entsprechendes Präsentationsumfeld zu schaffen, wurde der futuristisch-funktionale Entwurf des spanischen Architektenduos Nieto und Sobejano von 2005 bis 2008 baulich verwirklicht. In den modernen Ausstellungshallen präsentiert das Kunstmuseum seit 2017/18 seine einzigartigen Bestände der bildenden und angewandten Kunst in fünf Abschnitten entlang der deutschen Geschichte im 20. Jahrhundert: Kunst der Sezession, Kunst im Kaiserreich, Kunst in der Weimarer Republik, Kunst im »Dritten Reich« und Kunst in der SBZ/DDR. In den gotischen Gewölben und im Talamt wird Kunst vom frühen Mittelalter an präsentiert und in der Studiensammlung als Schaudepot noch viele andere ältere Stücke.

Schloss Moritzburg

Ein Zeitzer Gartentraum

Inmitten der Stadt Zeitz, umflossen von einem Nebenfluss der Weißen Elster, erhebt sich majestätisch das Schloss Moritzburg. Bei der frühbarocken Anlage handelt es sich um die ehemalige Residenz der Herzöge von Sachsen-Zeitz, die von 1657 bis 1718 im Süden des heutigen Bundeslandes herrschten.

Die 967 erstmalig als »Cici« erwähnte Stadt war bereits in ihrer Frühzeit ein bedeutendes geistliches Zentrum, dem eine wichtige Rolle beim Christianisierungsprozess an der Ostgrenze des ottonischen Kaiserreiches zukam.

Zeitz war eines der drei von Otto I. geschaffenen Bistümer in der neu errichteten Kirchenprovinz Magdeburg. Die exponierte Lage des Zeitzer Bistums in einem Gebiet, das damals noch mehrheitlich von nichtchristianisierten Slawen bewohnt wurde, begünstigte die Missionierung und Unterwerfung der östlich angrenzenden Regionen. Auch wenn die Bischofsresidenz im 11. Jahrhundert ins benachbarte Naumburg wechselte, konnte sich das Stiftsgebiet dauerhaft etablieren und blieb als geistliches Fürstentum bis in die Zeit der Reformation bestehen. Nach dem Tod des letzten katholischen Bischofs im Jahr 1564 gelangten die Zeitzer Gebiete an das albertinische Sachsen.

1657 wurde Moritz, der jüngste Sohn des verstorbenen Kurfürsten Johann Georg I., durch Erbteilung mit dem Herzogtum Sachsen-Zeitz bedacht. Er veranlasste noch im gleichen Jahr die Errichtung eines modernen Residenzschlosses in Zeitz. Die festungsähnliche und im Stil des frühen Barocks schmuckarm gehaltene Anlage gruppiert sich um den gotischen Dom, der fortan als Hofkirche und Grablege der Zeitzer Herzoglinie genutzt wurde. Nach seinem Erbauer bekam das Schloss den Namen Moritzburg, erweitert um den geografischen Zusatz »an der Elster«, um Verwechslungen mit dem gleichnamigen Jagdschloss nörd-

Beinahe festungsähnlich präsentiert sich das frühbarocke Schloss Moritzburg aus der Vogelperspektive

lich von Dresden zu vermeiden. Seine Funktion als herzogliche Residenz konnte Schloss Moritzburg freilich nur kurz erfüllen. Nach nur zwei Generationen erlosch 1718 die Linie der Herzöge von Sachsen-Zeitz, und die Zeitzer Gebiete fielen wieder zurück an Kursachsen.

Seit dem Jahr 2000 ist der Zeitzer Schlosspark Bestandteil des Tourismus- und Denkmalprojektes »Gartenträume«. Unter dieser Dachmarke wurden 40 historische Parks in Sachsen-Anhalt zusammengefasst mit dem Ziel, die teilweise in Vergessenheit geratenen Park- und Gartenanlagen denkmalpflegerisch zu betreuen und sie wieder ins Bewusstsein der Öffentlichkeit zu rücken. 2004, im Rahmen der ersten Landesgartenschau Sachsen-Anhalts, wurden die Außenanlagen mit dem ehemaligen herzoglichen Lustgarten und der bereits komplett verfallenen Orangerie aufwendig restauriert und wiederaufgebaut. Heute sind im Schloss neben dem Deutschen Kinderwagenmuseum, das Lebek-Zentrum, die Ernst-Ortlepp- und die Lutheriden-Bibliothek untergebracht.

Schloss Neu-Augustusburg

Wo berühmte Künstler wirkten

Am 8. Oktober des Jahres 1656 starb der sächsische Kurfürst Johann Georg I. Entgegen den damals üblichen Gepflogenheiten vererbte er nicht nur seinem Erstgeborenen Land und Titel, sondern er bedachte auch seine drei jüngeren Söhne mit jeweils eigenen Herrschaftsbereichen. 1657 entstanden so als sogenannte Sekundogenituren die kleineren Herzogtümer Sachsen-Merseburg, Sachsen-Zeitz und Sachsen-Weißenfels.

Das Herzogtum Sachsen-Weißenfels fiel an den zweitältesten Sohn August, der jedoch in Personalunion Stiftsadministrator des Erzbistums Magdeburg war und deshalb bis zu seinem Tod 1680 an der traditionellen Residenz auf der Moritzburg in Halle festhielt. Um aber Weißenfels für seine Nachfolger zu sichern, begann Herzog August bereits im Jahr 1660 den Bau eines gewaltigen repräsentativen Residenzschlosses an der Stelle der im Dreißigjährigen Krieg zerstörten Burganlage auf dem »Weißen Fels«, dem namensgebenden Hügel über der Stadt, nach seinem Erbauer »Neu-Augustusburg« genannt.

Anders als bei der nahezu zeitgleich errichteten Residenz seines Bruders in Zeitz wurde bei Schloss Neu-Augustusburg auf beinahe alle fortifikatorischen Elemente verzichtet und stattdessen der barocken Formensprache mehr Raum gelassen. So entstand eine prunkvolle, dreigeschossige, symmetrische Dreiflügelanlage mit aufgesetztem Turm über dem Mittelflügel und leichten Risaliten an den Seitentrakten. Das Schloss spiegelt das Staatsverständnis einer repräsentativen Hofhaltung in jener Zeit wider.

Auch wenn das Herzogtum nur von geringer politischer Bedeutung war, brachte es im kulturellen Bereich beachtliche Leistungen hervor. Mit Johann Sebastian Bach, dem Hofkapell-

Restaurierte Fassade am Nordflügel

AUGUSTUS
JOHANNES ADOLPHUS

leiter Johann Philipp Krieger und dem Musiker und Autor Johann Beer wirkten in Weißenfels Künstler von wenigstens nationalem Rang. Auf lange Sicht überstieg die glanzvolle und verschwenderische Hofhaltung jedoch die finanziellen Möglichkeiten des Weißenfelser Adelshauses, und so musste um 1720 sogar eine kaiserlich-kurfürstliche Schuldentilgungskommission eingesetzt werden, die die aufgelaufenen Verbindlichkeiten durch Entlassung von Hofbeamten und den Verkauf herrschaftlicher Besitzungen zu begleichen versuchte.

Mit dem Tod des Herzogs Johann Adolph II. und dem Erlöschen der Nebenlinie endete die glanzvolle Zeit von Weißenfels als Residenzstadt. Das Herzogtum fiel wieder an die sächsischen Stammlande, und die Stadt rückte damit erneut an die Peripherie.

Durch die Bestimmungen des Wiener Kongresses und die darauffolgende Aufteilung Kursachsens gelangte Weißenfels 1815 an das Königreich Preußen und wurde Bestandteil der preußischen Provinz Sachsen. Das unbewohnte Schloss wurde in eine Kaserne umgewandelt und bis 1920 als Unteroffizierschule genutzt. Seit 1964 ist im Schloss Neu-Augustusburg ein Museum untergebracht, das sich heute in drei Ausstellungsbereiche gliedert. Die jüngste Ausstellung widmet sich der Geschichte des Herzogtums

Hoffentlich bald ganz in Weiß – die mächtige Dreiflügelanlage von Nordosten

Das Schloss auf dem »Weißen Fels« hoch über der sehenswerten Altstadt

Sachsen-Weißenfels und zeigt in vier Repräsentationsräumen historische Stadt- und Schlossansichten, Gemälde der Herzöge, eine Auswahl von Münzen, Medaillen und Pokalen und eine reichhaltige Quellensammlung.

Den Höhepunkt der Ausstellung bildet die 1663 bis 1682 gebaute und gut erhaltene frühbarocke Schlosskirche mit ihrer imposanten Förner-Orgel aus dem Jahr 1673. Auch heute noch finden hier regelmäßig Gottesdienste statt. Unterhalb der Schlosskirche St. Trinitatis befindet sich die Fürstengruft. Die Grablege der Weißenfelser Herzogsfamilie mit ihren insgesamt 38 Prunksärgen aus Zinn und Holz kann einmal im Monat im Rahmen einer Kirchenführung besichtigt werden.

Das Museum bietet auch noch eine weitere Sammlung, die eine besondere industrielle Tradition der Stadt aufgreift. Weißenfels war einst ein europäisches Zentrum der Schuhherstellung mit über 30.000 Beschäftigten. Im Schuhmuseum wird die Entwicklung der Schuhindustrie von den Anfängen im 19. Jahrhundert bis zu ihrem Niedergang nach der Wiedervereinigung dargestellt.

Schloss Neuenburg

Eine sagenhafte Burg mitten im Weinland

Auf einem steil abfallenden Felssporn oberhalb des malerischen Winzerstädtchens Freyburg erhebt sich mit Schloss Neuenburg einer der am schönsten gelegenen Adelssitze des Landes. Seine mächtigen Wehranlagen dominieren weithin sichtbar die Landschaft und bekrönen auf erhabene Weise das von Weinhängen bedeckte Tal der unteren Unstrut, die nur wenige Kilometer weiter flussabwärts in die Saale mündet. Ihren besonderen Reiz bezieht die Neuenburg jedoch nicht allein aus ihrer äußeren Schönheit, sondern mindestens ebenso aus ihrer über 900 Jahre alten und bewegten Geschichte, von der einige Episoden auch Eingang in den regionalen Sagenschatz gefunden haben.

Gegründet wurde die Neuenburg um das Jahr 1090 von Ludwig dem Springer aus dem Geschlecht der Ludowinger. Ihr Name lässt eine bewusste Abgrenzung zu einer bereits bestehenden älteren Burganlage vermuten. Für Ludwig, der durch die Heirat mit Adelheid, der Witwe des ermordeten Pfalzgrafen Friedrich III., in den Besitz von Ländereien an der unteren Unstrut gekommen war, hatte die neue Burganlage enorme strategische Bedeutung. Sie ermöglichte ihm, den eigenen Machtanspruch über die erlangten Territorien sichtbar und eindrucksvoll zum Ausdruck zu bringen, wichtige Furten über die Unstrut zu kontrollieren und zugleich seinen gesamten Herrschaftsbereich nach Osten hin abzusichern. Dementsprechend großzügig wurde bereits die erste Burganlage auf einer ungewöhnlich großen Fläche von etwa 5.000 Quadratmetern angelegt. Im ihrem Inneren entstanden eine Reihe von Wohnbauten, ein großer Rundturm, die erste Burgkapelle sowie zwei achteckige Türme an der Ostseite, die sowohl der Verteidigung als auch der repräsentativen Aufwertung der Burg dienten.

In den folgenden Jahrzehnten wurden die Geschicke der Neuenburg im Wesentlichen von der außer-

Die trutzige Kernburg vom »Dicken Wilhelm« aus gesehen

gewöhnlichen Entwicklung ihrer Besitzerfamilie geprägt. Den aus dem mainfränkischen Raum stammenden Ludowingern war es gelungen, ihren ursprünglichen Landbesitz durch eine geschickte Heiratspolitik derart zu vergrößern, dass sie zu einem der mächtigsten Reichsfürstengeschlechter der Stauferzeit aufstiegen. 1131 war die Position der Ludowinger so stark geworden, dass ihr Territorium aus der Zugehörigkeit zum Herzogtum Sachsen herausgelöst und in der neu geschaffenen Landgrafschaft Thüringen zusammengefasst wurde. Dieser politische Erfolg bedeutete für die Neuenburg den Aufstieg in den Rang einer landgräflichen Residenz und den Beginn einer kulturellen Blütezeit. Die Neuenburg wurde zum Schauplatz einer glanzvollen, landgräflichen Hofhaltung und konnte eine Reihe von bekannten Persönlichkeiten in ihren Mauern begrüßen.

Unter anderem war Kaiser Friedrich I. Barbarossa hier zu Gast, und auch die berühmte thüringische Landgräfin Elisabeth, die aufgrund ihrer außergewöhnlichen Lebensgeschichte heiliggesprochen wurde, hielt sich mehrfach in der Residenz an der Unstrut auf. Mit dem Ritter und Dichter Heinrich von Veldeke wirkte zudem ein Vertreter der schönen Künste auf der Neuenburg. Er war von Landgraf Herrmann eingeladen worden und vollendete hier seine Übersetzung von Virgils römischem Nationalepos Äneas.

Um den gestiegenen logistischen und repräsentativen Anforderungen der landgräflichen Hofhaltung gerecht zu werden, wurde die Neuenburg in mehreren Bauphasen erheblich umgestaltet und erweitert.

Der romanische Wohnturm der Vorburg trägt den bezeichnenden Namen »Dicker Wilhelm«

Doppelter Aborterker an der südlichen Umfassungsmauer

Den ersten Bergfried riss man ab und errichtete auf dem Vorburggelände zeitgleich zwei neue Rundtürme. Von diesen hat sich der als Wohnturm genutzte »Dicke Wilhelm« erhalten, der im hohen Mittelalter die östliche Grenze des riesigen Vorburgareals markierte. Der andere Bergfried, mit noch größerem Durchmesser, noch gewaltigerer Mauerstärke wurde 1662 durch Blitzschlag zerstört und bis auf einen Stumpf abgebrochen. Bemerkenswert an diesem Wehrturm sind die vier am Fuße angebrachten, diagonal angeordneten Ecksporen, die in dieser Form einmalig sind.

Auch das schönste Gebäude der Anlage, die im Innenhof der Kernburg befindliche Doppelkapelle, entstand innerhalb dieser landgräflichen Umgestaltungsphase. Die Kirche ist neben der Doppelkapelle Landsberg der einzige Vertreter ihrer Art in Sachsen-Anhalt und gilt mit ihrem prachtvoll verzierten Obergeschoss als Kleinod romanischer Sakralbaukunst im mitteldeutschen Raum. Besonders herausragend ist das um 1220/30 eingebaute und stilistisch auf niederrheinische Einflüsse zurückgehende Kreuzgratgewölbe mit seinen ungewöhnlichen, an maurische Vorbilder erinnernden Zackenbögen.

Durch die verschiedenen Umbauten entstand so bis zur Mitte des 13. Jahrhunderts eine mächtige, geschlossene, romanische Anlage mit einer um einen großen Innenhof gruppierten Kernburg und einer sich östlich daran anschließenden Vorburg. Die außergewöhnliche Größe der Residenz mit einer Grundfläche von gut 30.000 Quadratmetern verdeutlicht den hohen Rang der ludowingischen Landgrafen von Thüringen. Mit dem Erlöschen des Geschlechts der Ludowinger fand die Glanzzeit der Neuenburg ein jähes Ende. Nachdem im Jahr 1247 Heinrich Raspe als letzter männlicher Vertreter der Linie verstorben war, ging die Neuenburg in den Besitz der wettinischen Markgrafen von Meißen über. In deren strategischem Konzept spielte die stolze Burganlage jedoch keine Rolle und wurde deshalb teilweise verpfändet. Erst Landgraf Wilhelm III. zeigte ein erneutes Interesse an der Burg und ließ sie ab 1458 modernisieren. Bei diesen baulichen Veränderungen kam es zu tiefen Eingriffen in die ursprüngliche romanische Bausubstanz, sodass die Burg auch ihr Erscheinungsbild der Stauferzeit nicht bewahren konnte und heute gotisch anmutet. Weitere Umbauten erfolgten unter Kurfürst August von Sachsen im 16. Jahrhundert sowie ab 1657 unter den Herzögen der Sekundogenitur Sachsen-Weißenfels, die die mittelalterliche Burg zum Jagdschloss mit barocker Innengestaltung umformten. Die 1815 beginnende Zugehörigkeit zu Preußen bedeutete für die Neuenburg zunächst eine Phase des Rückbaus und des Abrisses verschiedener Gebäude, ehe man sich entschloss, die Anlage zu sichern und zu bewahren. 1935 wurde in ihr ein Museum eröffnet, das auch nach dem Krieg weiterbestand. Von 1971 bis 1989 blieb die Neuenburg aus wirtschaftlichen Gründen für Besucher geschlossen. Aufgrund unzureichend durchgeführter Maßnahmen zur Erhaltung verschlechterte sich der Bauzustand der Anlage zusehends.

Erst mit der politischen Wende im Jahr 1989 konnte der Verfall gestoppt und die Neuenburg als historische Sehenswürdigkeit und herausragendes Baudenkmal der Romanik gerettet werden. Dank eines umfangreichen Engagements auf politischer und privater Ebene befindet sich die Burg heute wieder in einem guten Zustand und lockt als bekanntes Wahrzeichen der Region jährlich Tausende Besucher an.

Schloss Plötzkau

Ein Renaissancebau in ursprünglicher Gestalt

In der Saaleauenlandschaft südlich von Bernburg erhebt sich auf einem Felsvorsprung das Schloss Plötzkau. Bereits im 11. Jahrhundert hatte an diesem markanten Punkt eine Burg gestanden, auf der die Grafen von Plötzkau residierten. Im Zuge der Kämpfe der Welfen und Askanier um die Vorherrschaft im Herzogtum Sachsen wurde sie vom Welfenherzog Heinrich dem Stolzen zerstört. Die Besitzungen kamen später an den Askanier Albrecht den Bären, der die Gebiete als Reichslehen übernahm. Bei der späteren Teilung des askanischen Herrschaftsbereiches gelangten sie an die Grafen und späteren Fürsten von Anhalt, die sich wiederum in Seitenlinien aufspalteten, sodass Plötzkau schließlich Teil des Fürstentums Anhalt-Bernburg wurde. Nach dem Aussterben der älteren Linie Anhalt-Bernburg gehörte Plötzkau zu Anhalt-Zerbst und wurde von dem hier regierenden Fürsten Bernhard zu einer Nebenresidenz ausgebaut. Unter Einbeziehung der teilweise noch erhaltenen romanischen und gotischen Bausubstanz der alten Plötzkauer Burganlage entstand so in den Jahren von 1566 bis 1573 ein stattliches Renaissance-Wohnschloss mit über 70 Wohnräumen.

Die gedrungen und wehrhaft wirkende Anlage gruppiert sich unregelmäßig um einen engen Innenhof und wird optisch beherrscht von einem riesigen, vermutlich gotischen Bergfried, der zur stilistischen Angleichung mit durchdringenden Satteldächern und vier charakteristischen Renaissancegiebeln ausgestattet wurde.

Nach dem Tod von Fürst Joachim Ernst von Anhalt-Dessau (1586), der die anhaltischen Gebiete nach Jahrhunderten der Trennung kurzzeitig wieder vereinen konnte, kam es zu einer erneuten Erbteilung. Der jüngste Sohn, Fürst August, wurde mit der Herrschaft Plötzkau bewidmet, die formell jedoch dem Fürstentum Anhalt-Bernburg unterstellt blieb. Ungeachtet der geringen Größe ihres Ter-

Der hohe Bergfried bestimmt die Fernwirkung der weitläufigen Renaissance-Anlage

ritoriums agierten die Fürsten von Anhalt-Plötzkau ganz selbstverständlich als souveräne Landesherren und übten dementsprechend verschiedene hoheitliche Rechte aus. So prägten sie eigene Münzen und unterhielten sogar eine kleine Armee, die mit gerade einmal zwanzig Soldaten allerdings einen eher repräsentativen Charakter besaß. Mit dem Aussterben der Herrscherlinie Anhalt-Köthen im Jahr 1665 und der Übernahme des wesentlich größeren Fürstentums durch die Herren zu Plötzkau endete die kurze Geschichte des selbstständigen Fürstentums Anhalt-Plötzkau, dessen Ländereien wieder an Anhalt-Bernburg fielen.

Später kam das Amt Plötzkau zu Anhalt-Harzgerode, einer marginalen Nebenlinie des Hauses Anhalt-Bernburg. Das Schloss wurde zu dieser Zeit noch als Nebenresidenz genutzt und im Inneren teilweise modernisiert. Im frühen 18. Jahrhundert wurde es schließlich als Wohnsitz aufgegeben und in seinen Mauern 1741 eine Lackwarenfabrik eingerichtet. In den Jahren von 1841 bis 1874 war im Schloss eine Straf- und Besserungsanstalt untergebracht. Nach deren Auflösung wurde das Gelände Teil einer landwirtschaftlichen Domäne, und zu DDR-Zeiten dienten die Räume des Schlosses dem Landesmuseum für Vorgeschichte als Depot.

Heute wird das Schloss von einem Verein betreut. Das Turmmuseum enthält eine Ausstellung zu 7.000 Jahren Landwirtschaft sowie zu den Kreuzrittern.

Schloss Quedlinburg

Am Geburtsort des deutschen Reiches

Sachsen-Anhalt verfügt über eine Vielzahl von Orten und Plätzen mit herausragender historischer Bedeutung. Trotzdem können nur wenige von sich behaupten, Ausgangspunkt eines historischen Prozesses gewesen zu sein, der über Jahrhunderte die Geschicke Mitteleuropas maßgeblich mitbestimmt hat. Quedlinburg ist einer dieser Orte. Der Name Quedlinburg verbindet sich eng mit der Entstehungsgeschichte des mittelalterlichen deutschen Reiches, das nach allgemeiner Auffassung ab 919 zu existieren begann. Nachdem mit Konrad der letzte fränkische König des ostfränkischen Reiches verstorben war, erhoben die Großen des Reiches in Fritzlar den Sachsenherzog Heinrich zum neuen König. Der Legende nach soll ihn die Nachricht über die erfolgreiche Königswahl beim Vogelfang unterhalb des Quedlinburger Schlossberges erreicht haben. Für viele gilt der Vorgang als Geburtsstunde des deutschen Reiches. Deshalb kommt auch dem historischen Ort des Geschehens eine besondere Bedeutung zu. Heinrich selbst zeigte seine Verbundenheit mit Quedlinburg, indem er die hiesige Pfalz zu einer der größten des Reiches ausbauen ließ und hier öfter als anderswo Hof hielt. Nachdem er 936 in der Pfalz Memleben an den Folgen eines Schlaganfalls verstorben war, fand er in Quedlinburg auch seine letzte Ruhestätte. Die Königswitwe Mathilde richtete auf dem Burgberg, den sie als Witwengut bekommen hatte, ein Frauenstift ein. Das Stift wurde von ihrem Sohn Otto I. umfangreich mit Land und Privilegien ausgestattet und gehörte zu den vornehmsten im ganzen Reich. Zur ersten Äbtissin wurde Ottos Tochter Mathilde geweiht, jene Frau, der der Mönch Widukind von Corvey seine berühmte Sachsengeschichte gewidmet hat. Das Stift nahm fortan die Funktion einer elitären Ausbildungs- und Versorgungsstätte für Töchter aus hochadligen Familien ein und wurde dementsprechend auch

Im Dämmerlicht besonders schön, Ansicht des Schlosses und der Stiftskirche Quedlinburg vom gegenüberliegenden Münzenberg

mit einem aufwendigen Kirchenbau ausgestattet. Die noch heute erhaltene Stiftskirche St. Servatius aus dem frühen 12. Jahrhundert geht in ihrer Form auf einen etwa 100 Jahre älteren Vorgängerbau zurück, der 1070 von einem Feuer stark beschädigt wurde. Mit ihrer klaren Struktur und ernsten Ausstrahlung gehört die dreischiffige Basilika zu den bemerkenswertesten architektonischen Zeugnissen der Hochromanik in Deutschland.

Den besonderen Rang der Einrichtung spiegelt auch der wertvollste Preziosen umfassende Kirchenschatz wider. Zu der durch Schenkungen entstandenen Sammlung gehören unter anderem verschiedene edelsteinbesetzte Evangeliare, kunstvoll gestaltete Reliquiengefäße sowie eines der raren textilen Zeugnisse aus der Epoche der Romanik, ein um 1200 entstandener Knüpfteppich, der die Hochzeit des Merkur mit der Philologie darstellt. In der Krypta liegen die Gräber des ersten deutschen Königspaares.

Das Burgbergplateau ausfüllend, schließt sich westlich und nördlich der Stiftskirche das Schloss an, das auf Befestigungsanlagen aus der Zeit der ottonischen Königspfalz zurückgeht. In den authentisch erhaltenen Kellergewölben unterhalb des Westflügels kann man die ältesten Stuckreste des deutschsprachigen Raumes aus dem 10. Jahrhundert bestaunen. Das

Der Schlossberg mit Stiftskirche von Westen

Schloss selbst ist ein schlichter Renaissancebau aus dem 16./17. Jahrhundert, der sich mit seinen drei Flügeln um einen nach Osten hin geöffneten Innenhof gruppiert. Die malerische Fachwerkgalerie, die den Hof dreiseitig umläuft, stammt aus einer Umbauphase in der ersten Hälfte des 18. Jahrhunderts, bei der auch die im Nordflügel befindliche Abtei umgestaltet wurde. Im Schloss befanden sich die Repräsentationsräume der Äbtissin sowie die Wohn- und Wirtschaftsräume der Stiftsdamen und ihrer Bediensteten.

Einige der Prunkgemächer sind auch nach der Auflösung des Reichsstifts im Jahr 1803 erhalten geblieben und können heute besichtigt werden. Neben den Originalräumen, die in ihrer barocken und klassizistischen Ausgestaltung die Wohnkultur des 17. und 18. Jahrhunderts spiegeln, zeigt das Schlossmuseum eine Ausstellung zur Ur- und Frühgeschichte und gibt einen Überblick über die Historie des Burgberges von der frühmittelalterlichen Königspfalz bis zum heutigen Tage. Das wohl außergewöhnlichste und für Kinder besonders beeindruckende Exponat des Museums ist der sogenannte »Raubgrafenkasten«. Es handelt sich dabei um einen aus dicken Fichtenbohlen gezimmerten Kasten mit einer nur 45 mal 60 Zentimeter kleinen Tür und einem winzigen Fenster, der als mobiles Gefängnis genutzt werden konnte.

Putte im barocken Schlossgarten, im Hintergrund die Stiftskirche St. Servatius

Der Legende nach soll Graf Albrecht II. von Regenstein, der im Jahr 1336 mit Quedlinburg in Fehde lag, für zwei Jahre in diesem Kasten eingesperrt worden sein. Für wie wahr man eine solche Überlieferung jedoch nehmen kann, ist durchaus umstritten, denn selbst im an Grausamkeiten nicht armen Mittelalter wäre eine solche unwürdige und unmenschliche Behandlung eines adligen Gefangenen doch eher außergewöhnlich.

Burg Querfurt

Von der mittelalterlichen Wehrburg zur »FilmBurg«

Schon aus großer Ferne kann der Besucher Querfurts die drei Burgtürme erblicken, die bei Annäherung an die Stadt direkt aus den Feldern der Umgebung emporzuwachsen scheinen. Die drei Bergfriede, zwei stammen aus romanischer, einer aus gotischer Zeit, sind Bestandteil der einzigartigen Anlage der Querfurter Burg, die zu den ältesten und größten Burgen in den neuen Bundesländern gehört.

Die fruchtbaren Böden der Umgebung und die mit einem steil abfallenden Hochplateau oberhalb einer Furt durch die Querne günstigen topografischen Voraussetzungen führten bereits zur Zeit der Karolinger zur Besiedlung und Befestigung des Ortes. Seine hohe strategische Bedeutung, durch die sich auch die Größe und Wehrhaftigkeit der Anlage erklärt, bezog Querfurt zudem aus seiner Lage an der wichtigen mittelalterlichen Fernverbindung von Merseburg nach Kassel. Bereits im Zehntverzeichnis des Klosters Hersfeld (ab 899) wird Querfurt als zehntpflichtiger Ort »Curnfurt« erstmals urkundlich erwähnt und in einer Urkunde Kaiser Ottos II. erstmals als »Castellum« bezeichnet.

Als direkte Burgherren werden ab Mitte des 10. Jahrhunderts die Edlen Herren von Querfurt fassbar, die möglicherweise aus der auf der Burg stationierten Besatzung hervorgingen. Ihr wohl prominentester Vertreter war der Hl. Brun, der »Apostel der Preußen«. Er starb während einer Missionsreise 1009 bei den heidnischen Pruzzen den Märtyrertod.

Über fünf Jahrhunderte währte die Herrschaft der Edlen Herren von Querfurt über die Burg und die Stadt, ehe 1496 ihr letzter Vertreter Brun VIII. verstarb. In dieser Zeit spalteten sich mit den Grafen von Mansfeld, den Burggrafen von Magdeburg und den Grafen von Seeburg einige bekannte Seitenlinien von den Querfurter Herren ab. Im regionalgeschichtlichen Kontext haben sie ebenfalls eine wichtige Rolle gespielt.

Burg und Stadt Querfurt aus südlicher Richtung

Nach dem Aussterben der Edlen Herren wurde das lehnsrechtlich zum Erzbistum Magdeburg gehörige Querfurt bis zum Dreißigjährigen Krieg von Burghauptleuten verwaltet. Während des Krieges hat man die bis dahin als uneinnehmbar geltende Burg mehrfach belagert und auch erobert. Nach verschiedenen Besitzerwechseln – so nahmen 1642 und 1643 die Schweden die Burg ein – fiel Querfurt aufgrund der Bestimmungen des Prager Friedens an Kursachsen. 1663 erlangte das Querfurter Gebiet unter dem Namen Sachsen-Weißenfels-Querfurt den Status eines reichsunmittelbaren Fürstentums, das ab 1680 in Personalunion von den Herzögen von Sachsen-Weißenfels mitregiert wurde. Nach den napoleonischen Kriegen wurde Querfurt vom albertinischen Sachsen abgetrennt und ging in der preußischen Provinz Sachsen auf. Die preußische Herrschaft bescherte der stolzen und traditionsreichen Burganlage die weniger mondäne Nutzung als landwirtschaftliche Domäne, die bis 1937 bestand.

Heute präsentiert sich die Burganlage als eine bauhistorische Sehenswürdigkeit, die vor allem durch ihre Größe und ihren guten Erhaltungszustand beeindruckt. Auch wenn die Existenz von Grundmauern eines »karolingischen Burgus«, die der berühmte deutsche Burgenforscher Herrmann Wäscher gefunden haben will, bei jüngeren Grabungen nicht bestätigt werden konnte, ist allein der Umfang der romanischen Bauten auf der Burg Querfurt bemerkenswert. Die Ringmauern, der als »Dicker Heinrich« bezeichnete runde Bergfried, der untere Teil des rechteckigen Marterturms und auch die freistehende, kreuzförmige Burgkirche entstammen dieser Kunstepoche. Die mit ihrer gedrungenen Form und dem achteckigen Vierungsturm an byzantinische Sakralbauten erinnernde Burgkirche stammt aus der zweiten Hälfte des 12. Jahrhunderts. In der im 14. Jahrhundert hinzugefügten gotischen Seitenkapelle kann man die aufwendig gestaltete Tumba des Grafen Gebhard XIV. von Querfurt besichtigen. Ihre heutige barocke Anmutung im Inneren erhielt die Kirche durch einen Umbau in den Jahren 1698 bis 1716, wo sie mit Malereien und Stuckaturen im Stil der Zeit verziert wurde. Weiterhin romanischen Ursprungs sind ein an der nördlichen Ringmauer errichteter Palas und ein weiterer Palas südlich der Burgkirche, dessen bauliche Reste das Kellergeschoss des heute sichtbaren Fürstenhauses bilden.

Im 14. und 15. Jahrhundert erfolgte eine Reihe von Umbauten im gotischen Stil, die die Wehrhaftigkeit der Anlage, aber auch den Wohnkomfort der Burg steigerten. So wurde zum bestehenden romanischen Mauerring eine weitere Ummauerung angelegt, die man zudem durch einen in den Fels gehauenen Graben sicherte. Der als Wohnturm genutzte Marterturm wurde zur besseren Sicht auf die vorgeschobene Verteidigungsmauer erhöht, und mit dem heute noch besteigbaren Pariser Turm entstand der letzte der drei Bergfriede der Querfurter Burg. Als abschließende Maßnahme zur Steigerung ihrer Defensivkraft wurde in den sechziger und siebziger Jahren des 15. Jahrhunderts die gewaltige Westtoranlage errichtet und der äußere Mauerring mit drei in den Burggraben hineinragenden Rondellen verstärkt. Durch diese mehrgeschossigen und mit verschiedenartigen Schießscharten versehenen Batterietürme war es

Blick auf das Südrondell, im Hintergrund der »Dicke Heinrich«, der Marter- und der Pariser Turm (v. l.)

möglich, das Vorgelände, den Burggraben und die eigenen Mauern durch Kanonen- und Hakenbüchsenbeschuss abzusichern.

Doch schon lange sind der Schlachtenlärm und der Kanonendonner vergangener Tage verstummt, und die militärische Funktion der Burg ist einer friedlichen Nutzung gewichen. Die Filmindustrie wurde auf das einzigartige Ensemble mittelalterlicher Wehrbauten aufmerksam. Und so wurde die Burganlage schließlich zum heimlichen Star unter den Drehorten Mitteldeutschlands und hat sich ihren neuen Titel »FilmBurg« redlich verdient. Zahlreiche nationale und internationale Produktionen wurden hier gedreht, darunter »Der Medicus« und »Die Päpstin«. Wer heute die Burg Querfurt besucht, den erwartet neben den gewaltigen Wehranlagen auch ein Burgmuseum mit Ausstellungen zur Historie und zur jüngeren Geschichte als beliebte Film-Kulisse sowie das historische Burg-Café. Ein besonderes Erlebnis ist das berühmte und jährlich am dritten Juniwochenende stattfindende Burgfest. Dann kann man mit dabei sein, wenn Scharen von Rittern, Gauklern und Handwerksleuten das Burggelände bevölkern und die alten Mauern wieder in die Zeit des Mittelalters versetzen.

Schloss Reinharz

Barockes Juwel in der Dübener Heide

Einige Kilometer von Bad Schmiedeberg entfernt liegt das kleine Örtchen Reinharz. Hier, in der Abgeschiedenheit der Dübener Heide, findet sich ein besonderes Kleinod unter den mitteldeutschen Barockschlössern. In romantischer Kulisse, umrahmt von einem künstlich angelegten See, entfaltet das verträumte Jagdschloss seinen eigentümlichen Zauber, der sich augenblicklich auf den Besucher überträgt. Der sich anschließende, wildromantisch verwachsene Landschaftspark steigert noch die Wirkung und beschwört die Vorstellung einer vergangenen Epoche herauf, in der hier noch sächsische Kurfürsten und Könige zur Jagd gingen.

Erbaut wurde das Schloss von 1696 bis 1700 vom sächsischen Staatsminister Hans von Löser. Er entstammte einem niederen Adelsgeschlecht aus der Gegend um Pretzsch, das sich Ende des 15. Jahrhunderts in Reinharz eine neue Gutsherrschaft schuf. In ihrer Funktion als Erbmarschälle der sächsischen Kurfürsten genossen die von Löser eine besondere Nähe zum sächsischen Hof, die sich auch in den Besuchen des Kurfürsten in Reinharz widerspiegelte.

Das frühbarocke Schloss mit hufeisenförmigem Grundriss und sparsamer äußerer Verzierung bezieht seinen individuellen Charakter und seine markante Silhouette vor allem aus dem achtgeschossigen, schlanken Achteckturm. Der imposante 68 Meter in den Himmel ragende Schlossturm wurde vom naturwissenschaftlich interessierten Hans von Löser als Sternwarte mit damals fortschrittlichen Fernrohren und astronomischen Instrumenten genutzt. Weil die Anlage zweiseitig von Wassergräben und dem künstlich geschaffenen See auf der Nord- und Ostseite umgeben ist, gilt der eigentlich als Jagdschloss konzipierte Bau heute auch als Wasserschloss.

Im Inneren haben einige Räume ihr historisches Aussehen bewahrt. So gelangt man über die Eingangshalle, die gleichzeitig das erste Turmgeschoss

Inmitten der Dübener Heide – das malerische Schloss Reinharz

bildet, über eine mit Pilastern und Rocaille-Schmuck verzierte Diele in den Speisesaal, der mit hunderten handbemalten und jeweils individuell gestalteten Delfter Kacheln ausgelegt ist. Daran schließt sich ein weiterer Originalraum an. In ihm sind Repliken verschiedener Gemälde, die August den Starken und seine Familie zeigen, ausgestellt.

Das Schloss wurde 1945 enteignet und diente als Genesungsheim. Heute kümmert sich der Förderverein »Schloss Reinharz e. V.« um die Belange der Anlage. 2002 wurde der Dachstuhl und 2017/18 alle Zwischendecken saniert, außerdem wurde der Schwamm im ganzen Haus erfolgreich bekämpft. Heute bieten die beiden repräsentativen Schlosssäle Kulturveranstaltungen einen mondänen Rahmen. Regelmäßig stehen Konzerte, aber auch der Handwerkermarkt oder Kräuterwanderungen auf dem Programm. Am Wochenende lädt Café »Graf Löser« zum Verweilen ein.

Die Rudelsburg und Burg Saaleck

»An der Saale hellem Strande«

Etwas südlich von Bad Kösen, in der malerischen Kulisse des gewundenen und von Weingütern gesäumten Saaletales, befinden sich zwei der bekanntesten Burgruinen des Landes. Auf einem ungefähr 85 Meter hohen und steil zur Saale abfallenden Felsrücken zeigen sich die trutzigen Mauern der Rudelsburg, und nur wenige hundert Meter davon entfernt ragen die schlanken Türme der etwas tiefer liegenden Burg Saaleck in den Himmel.

Auf einer Saalewanderung von diesem grandiosen Anblick inspiriert, verfasste 1826 der Berliner Student Franz Kugler bei einer Rast auf der Rudelsburg das bekannte Gedicht »An der Saale hellem Strande« und setzte damit auch den beiden Burgruinen ein literarisches Denkmal. Mit seinem verträumten Gestus entspricht das Gedicht dem von Burgenschwärmerei und romantischer Verklärung des Mittelalters geprägten Zeitgeist des 19. Jahrhunderts, der auch heute noch unsere Wahrnehmung von mittelalterlichen Gemäuern beeinflusst. Dabei darf jedoch nicht übersehen werden, dass Burgen stets die bauliche Umsetzung eines feudalen Machtbewusstseins waren und in erster Linie dazu angelegt wurden, um handfeste politische und wirtschaftliche Interessen durchzusetzen. So errichteten die Bischöfe von Naumburg Mitte des 12. Jahrhunderts die Rudelsburg, um mit ihr den Handelsweg durch das Saaletal zu sichern und die Südwestgrenze ihres Stiftsgebiets zu schützen. Ab 1238 gelangte die Rudelsburg als Stiftslehen an die Wettiner, die sie wiederum an verschiedene kleinere Adelshäuser weiterbelehnten. In mehreren Abschnitten wurde sie zu einem wehrhaften Komplex mit Vorburg, Zwinger sowie der Kernburg mit Palas und quadratischem Bergfried ausgebaut. Eine für den Burgenbau untypische Besonderheit stellt die Vorburg dar, die aufgrund des ungünstigen Geländeverlaufs höher als die Kernburg angelegt werden musste.

Bei einer Fehde mit der Stadt Naumburg wurde die Rudelsburg 1348 von Naumburger Bürgern beschädigt. Um 1400 erneut ausgebaut, geriet sie 1450 in die Auseinandersetzungen des sogenannten sächsischen Bruderkrieges, der von 1446 bis 1451 zwischen den beiden wettinischen Brüdern Friedrich dem Sanftmütigen und Wilhelm dem Tapferen um die territoriale Aufteilung des kursächsischen Erbes tobte. Bei den Kampfhandlungen, die vorwiegend im Bereich der mittleren Saale stattfanden, wurde die Rudelsburg belagert und teilweise zerstört. Auch wenn sie noch für längere Zeit bewohnt war, hat sie als militärische Befestigung seitdem keine Rolle mehr gespielt. Nachdem sie im Dreißigjährigen Krieg von vorbeiziehenden schwedischen Truppen gebrandschatzt wurde, war die Rudelsburg nicht mehr bewohnbar und verfiel. Die ehemalige Vorburg wurde als Steinbruch benutzt und soweit abgetragen, dass heute nur wenige Reste davon sichtbar sind.

Zu neuem Leben erwachte die nun zur Ruine gewordene Rudelsburg, als sie im beginnenden 19. Jahrhundert von Wanderern als lohnendes Ziel entdeckt wurde. Für eine weitere Popularisierung der Burg sorgten ein im Jahr 1824 eingerichteter Gasthof sowie die an diesem Ort abgehaltenen Treffen des Kösener Senioren-Convents-Verbandes, des ersten Dachverbandes deutscher Studentenverbindungen. In diesem Zusammenhang entstanden im näheren Umfeld der Rudelsburg eine Reihe nationalkonservativer Denkmäler, die Anfang der Fünfzigerjahre des letzten Jahrhunderts aus ideologischen Gründen zerstört wurden. Mit dem Kaiser-Wilhelm-I.-Obelisken und dem Jung-Bismarck-Denkmal sind zwei der alten Denkmäler nach der deutschen Wiedervereinigung wiedererrichtet worden.

Die Entstehungsgeschichte der kleineren und etwas niedriger gelegenen Burg Saaleck ist weniger gut gesichert. Entgegen der im 19. Jahrhundert verbreiteten Ansicht könnte die 1140 erstmalig erwähnte Burg sogar etwas älter sein als die ihr in Sichtweite gegenüberliegende Rudelsburg. Die wahrscheinlich auf Veranlassung der Landgrafen von Thüringen oder der Markgrafen von Meißen errichtete Burg Saaleck liegt auf demselben Bergrücken wie ihre Schwesterburg, allerdings verjüngt sich dieser gen Süden hin, sodass die Baumeister der Burg nur wenig Platz zur Verfügung hatten. Auf dem langgezogenen, sehr schmalen Bergplateau, das an einen Schiffsrumpf erinnert, platzierten sie zwei baugleiche, von einer Ringmauer umschlossene Bergfriede sowie zwei kleinere, heute nicht mehr erhaltene Wirtschaftsgebäude. Ursprünglich umfasste Saaleck auch eine in nördlicher Richtung liegende Vorburg, die jedoch nicht mehr zu erkennen ist. Die

schon vorher im Einflussbereich der Naumburger Bischöfe befindliche Burg wurde 1344 von ihnen käuflich erworben und ab 1396 von bischöflichen Amtleuten verwaltet. Eine militärisch-strategische Funktion besaß die Burg damit kaum noch. Bis zur Reformation wechselte die Burg viele Male den Besitzer. Als im 16. Jahrhundert das Amt Saaleck mit anderen Gütern vereinigt wurde und die Verwaltung nicht mehr von der Burg selbst erfolgte, verfiel Burg Saaleck zur Ruine und diente den umliegenden Bauern als Steinbruch. In den 1920er Jahren erlangte die Burg in einem unrühmlichen Zusammenhang deutschlandweite Aufmerksamkeit, als die beiden Mörder des Reichsaußenministers der Weimarer Republik, Walther Rathenau, in ihren Mauern Zuflucht suchten. Beim Versuch ihrer Ergreifung nahm sich einer der Attentäter das Leben, der andere wurde erschossen.

Heute sind die Burgen, die beide zur Südroute der »Straße der Romanik« gehören, beliebte Ausflugsziele. Sie werden sowohl von Wanderern als auch von vielen Radfahrern, die auf dem nahegelegenen Saale-Radweg unterwegs sind, besucht.

In spektakulärer Lage – die Rudelsburg auf einem Bergsporn hoch über der Saale

Schloss Stolberg

Auf Erz gegründet

Umrahmt von den steil abfallenden Berghängen des Südharzes am Ausgang dreier schmaler Täler erhebt sich auf einem Felssporn das Stolberger Schloss. Die kühn in die Landschaft platzierte Anlage wurde von den Grafen zu Stolberg errichtet, die seit dem frühen 13. Jahrhundert hier residierten. Es war der Erzreichtum der umliegenden Berge, der das mit den Grafen von Hohnstein verwandte Harzgrafen-Geschlecht bewog, diesen abgelegenen und schwer zugänglichen Ort zu befestigen und sich hier dauerhaft einzurichten.

Die früheste Burganlage, die wahrscheinlich bereits im 10. oder 11. Jahrhundert bestanden hatte, wurde im 13. und 14. Jahrhundert durch mehrere Bauten wehrhafter und komfortabler gestaltet. Nachweisbar sind ein Bergfried, zwei Rundtürme auf der Südostseite sowie ein sich nördlich anschließender mehrgeschossiger Wohnturm. Die heutige äußere Gestalt des Schlosses geht im Wesentlichen auf den in den Jahren 1539 bis 1547 durchgeführten Ausbau der Kernburg zurück, bei dem unter Einbeziehung der mittelalterlichen Bausubstanz eine geschlossene dreiflügelige Schlossanlage entstand. Durch weitere Umbauten im 17. Jahrhundert, die vor allem die Innenräume betrafen, wurde das Schloss zu einer barocken Residenz umgestaltet.

Zum Ende des Mittelalters erlebte die Grafschaft Stolberg eine Phase der wirtschaftlichen Prosperität, die sich vor allem im Anwachsen des Hauptortes bemerkbar machte. So entstand zwischen dem 15. und 17. Jahrhundert ein Großteil jener prachtvoll gestalteten Fachwerkhäuser, die Stolberg bis heute sein ganz spezielles Gepräge verleihen. Auch kulturell erlebte die Bergbau- und Handwerkerstadt in jener Zeit eine gewisse Blüte und brachte besonders im literarischen Bereich eine Reihe achtbarer Leistungen hervor. So verfasste der am Stolberger Hof angestellte Schriftsteller Johann Gottfried Schnabel in den Jahren 1731 bis

Treppenaufgang im Südostflügel

1743 die populäre Erzählung »Insel Felsenburg«. Die von vielen religiösen Motiven durchzogene Abenteuergeschichte gilt als eines der erfolgreichsten Beispiele eines frühaufklärerischen Werks und gehörte zu den meistgelesenen Büchern des 18. Jahrhunderts. Weitere in Stolberg wirkende Geistesgrößen waren der als Archidiakonus und Chronist tätige Theologe Johann Arnold Zeitfuchs und der als gräflicher Hofarzt angestellte Mediziner Philipp Phoebus, der das erste pharmakologische Institut Deutschlands in Gießen gründete und als Wegbereiter der modernen Pharmakologie gilt.

Nachdem im Jahr 1806 das Heilige Römische Reich deutscher Nation aufgelöst wurde und die Stolberger Grafen nahezu alle landesherrlichen Rechte an den Staat Preußen verloren hatten, wurde das Geschlecht auf-

Schloss Stolberg hoch über dem gleichnamigen Harzstädtchen

grund seines hohen Rangs innerhalb der Adelshierarchie in den erlesenen und nur etwa 80 Familien umfassenden Kreis der Standesherren im Deutschen Bund aufgenommen, was ihnen auch eine Reihe von Sonderrechten einräumte. So genossen sie Steuerbefreiung, hatten einen erblichen Sitz im provinzialsächsischen Parlament und im preußischen Herrenhaus inne.

In zusätzlicher Anerkennung der historischen Bedeutung des Stolberger Grafenhauses erhob Ende des 19. Jahrhunderts der deutsche Kaiser Wilhelm II. die drei nebeneinander existierenden Linien Stolberg-Stolberg, Stolberg-Wernigerode und Stolberg-Roßla in den Fürstenstand. Bis zum Ende des Zweiten Weltkriegs blieb das Stolberger Schloss Wohnsitz

dieses alten Adelsgeschlechts, ehe es enteignet und das Schloss als ein Erholungsheim für die Gewerkschaft »Unterricht und Erziehung« genutzt wurde.

Nach der Wiedervereinigung stand das Schloss viele Jahre leer und wies deshalb einen besonders hohen Sanierungsbedarf auf. Erst als 2002 die Deutsche Stiftung Denkmalschutz die Schlossanlage übernahm, gelang es, den fortschreitenden Verfallsprozess zu stoppen. 2003 begannen umfangreiche Sanierungs- und Restaurationsmaßnahmen mit dem Ziel, die ehemalige Residenz der Grafen und Fürsten zu Stolberg in ihrer Substanz zu erhalten. Seit 2008 sind Teile der komplexen Schlossanlage wieder für die Öffentlichkeit zugänglich.

Burg Tangermünde

Kaiserliche Nebenresidenz Karls IV.

Auf einem steil abfallenden Hochplateau, wo die Tanger in die Elbe mündet, liegt die Burg Tangermünde. Zusammen mit dem historischen Stadtkern des gleichnamigen Ortes bildet sie ein malerisches Ensemble. Erstmalig erwähnt wurde die Burg Tangermünde im Jahr 1009; bei Ausgrabungen gefundene Scherben lassen jedoch eine Besiedlung des Platzes bereits zu slawischer Zeit vermuten. In ihrer Frühzeit gehörte die Burg zu den Besitzungen der Markgrafen der Nordmark, ehe sie Mitte des 12. Jahrhunderts in der neu geschaffenen Mark Brandenburg aufging. Dank der günstigen Lage am Elbübergang, der die Altmark mit den neugewonnenen Gebieten an Havel und Spree verband, entstand um die Burg ein prosperierender Marktflecken, aus dem sich Anfang des 13. Jahrhunderts die Stadt Tangermünde entwickelte. Vom frühen 14. Jahrhundert bis zur Mitte des 15. Jahrhunderts diente die Stadt als Residenz der Markgrafen von Brandenburg.

Ihre größte, wenn auch nur kurze Blütezeit erlebten Burg und Stadt in den Jahren 1373 bis 1378, als der deutsche Kaiser Karl IV. Tangermünde zu seiner Nebenresidenz erhob. Karl stammte aus dem in Böhmen regierenden Geschlecht der Luxemburger und war einer der bedeutendsten Herrscher des Spätmittelalters. Sein Name ist vor allem mit der 1356 verabschiedeten Goldenen Bulle verbunden, die die Wahl des deutschen Kaisers durch die sieben Kurfürsten regelte und über viele Jahrhunderte als eine Art Reichsverfassung fungierte. Im Jahr 1373 hatte Karl IV. dem Wittelsbacher Otto V. die Mark Brandenburg für die Summe von 500.000 Gulden abgekauft und damit seinen bisherigen Titeln auch den des Kurfürsten von Brandenburg hinzugefügt. Als es darum ging, in den neu erworbe-

Auch zu nächtlicher Stunde sehenswert – die Tangermünder Burganlage von Süden

Burg Tangermünde

Schlosspark mit Kapitelturm

nen Territorien Präsenz zu zeigen, war mit Tangermünde bald ein idealer Residenzort gefunden, der über die Elbe mit den böhmischen Stammlanden verbunden war und einen leichten Zugang zur Altmark und zu den linkselbischen Gebieten garantierte. Auch handelspolitisch bot Tangermünde gute Voraussetzungen, denn als Mitglied der Hanse versprach es dem geschäftstüchtigen Karl, der auch als Kaufmann unter den Kaisern bezeichnet wurde, den Anschluss an die wirtschaftlich interessanten Handelsräume an Nord- und Ostsee. Mit dem Tod Karls IV. im Jahr 1378 wurde solch weitreichenden Plänen ein jähes Ende gesetzt. Seine Nachfolger zeigten nur wenig Interesse an ihren brandenburgischen Besitzungen, und so schwand alsbald auch die Perspektive eines prosperierenden Tangermündes.

1411 gelangte die Mark Brandenburg an die Hohenzollern, die Tangermünde noch als zeitweilige Residenz nutzten, bevor sie im Jahr 1488 ganz nach Berlin übersiedelten. Sichtbares Zeichen jener Epoche sind die zahlreichen Stadterneuerungen im spätgotischen Stil. So entstand mit dem Rathaus, der umgebauten Stephanskirche und den umfangreichen Stadtbefestigungen eine ganze Reihe prachtvoller Backsteinbauten, die mit ihren leuchtend roten Fassaden das Stadtbild prägen. Bedingt durch mehrere Stadtbrände und eine Pestepidemie, setzte ab dem 16. Jahrhundert ein allgemeiner Niedergang der Stadt ein, der durch die Auswirkungen des Dreißigjährigen Krieges noch beschleunigt wurde. Der dramatische Rückgang der Einwohnerzahl bewirkte dagegen den Erhalt des mittelalterlichen Stadtkerns, der in jener Schwächephase kaum angetastet wurde. Auch das Burggelände konnte viel von der originalen Bausubstanz bewahren, wie beispielsweise der »Kapitelturm« genannte sechsgeschossige Wohnturm der Vorburg, der mit seinen 50 Metern Höhe weithin sichtbar ist und zu den Wahrzeichen Tangermündes gehört. Daneben existieren noch Reste der Umfassungsmauer mit dem Gefängnisturm sowie die »Alte Kanzlei« – ein Saalbau im Inneren der Hauptburg –, die heute für Veranstaltungen genutzt werden kann. Über die Geschichte der Burganlage und ihre Zeit als Residenz informiert das Burgmuseum »Schlossfreiheit«, das sich im ältesten erhaltenen Wohnhaus Tangermündes in unmittelbarer Nähe der Burg befindet.

Aus rotem Backstein – die Toranlagen der Burg (l.) und der Gefängnisturm (r.)

Schloss Veltheimsburg

Von der Bischofsburg zum Hochzeitsschloss

In Alvensleben, einem Ortsteil von Bebertal, befindet sich auf einem Felsmassiv oberhalb des Flüsschens Bever das Schloss Veltheimsburg. Nach einem kurzen Aufstieg erreicht man die pittoreske Anlage und blickt auf die Toreinfahrt und die aufwendig gestaltete Außenfassade. Auch wenn sie dem Schloss eine Anmutung von Altertümlichkeit verleiht, verraten doch die opulent eingesetzten Stilelemente die Herkunft aus dem 19. Jahrhundert. Erst 1882 wurde die ehemalige mittelalterliche Burganlage von ihren Besitzern, der Familie von Veltheim, in den Formen der deutschen Renaissance zum Schloss ausgebaut.

Im Gegensatz zum noch jungen Schloss besitzt die Alvenslebener Burg eine lange Vergangenheit. Möglicherweise schon längere Zeit vorher zum Schutz gegen die Slawen errichtet, gehörte sie zum Zeitpunkt ihrer ersten Erwähnung im Jahr 1179 zum Hochstift Halberstadt. Die Burg war der wichtigste Stützpunkt im Norden des Bistums und sicherte die Verbindungswege in die Altmark. Ihre exponierte Lage brachte sie in das Blickfeld der über die Altmark herrschenden Askanier, die in der Folgezeit versuchten, die Herrschaft über die Burg zu erlangen. Entschieden wurde die Auseinandersetzung, als mit dem Erzbistum Magdeburg eine weitere für diese Region einflussreiche Macht die Burg erwarb und sie an die askanischen Markgrafen weiterbelehnte. Ähnlich kompliziert wie die Eigentumsverhältnisse sind auch die nicht eindeutigen Quellenbezeichnungen für die Burgbefestigungen in Alvensleben. Dort ist von einer Bischofsburg, einer Markgrafenburg und sogar von einer Ritterburg die Rede, sodass man heute von mindestens zwei getrennten Burgen ausgeht. Von der älteren, etwas südlicher gelegenen Bischofsburg sind der Bergfried und Reste der Kernburg mit rundbogigen Wandöffnungen erhalten, während die 1245 von den Askaniern errichtete Markgrafenburg größten-

Wie aus einem Märchenfilm – die aufwändig verzierte Nordfassade des Schlosses

teils durch die historistischen Umbauten und Ergänzungen des 19. Jahrhunderts überformt wurde.

Zu DDR-Zeiten als Kinderheim genutzt, präsentiert sich die Anlage heute als sehenswertes Bauensemble in gutem Zustand. Im Gebäudekomplex sind ein Hotel und Café untergebracht, in dem liebevoll zum Park umgestalteten Innenhof des Schlosses finden von Zeit zu Zeit Ausstellungen und Gartenfestivals statt.

Schloss Wernigerode®

Graf Ottos Märchenschloss

In der am Nordrand des Harzes gelegenen Stadt Wernigerode befindet sich das wohl bekannteste Schloss des Landes. Es erhebt sich auf einem nach oben hin steiler werdenden Bergkegel etwa 120 Meter über der Stadt und prägt weithin sichtbar die Landschaft.

Mehr als 200.000 Touristen besuchen jedes Jahr das ehemalige Residenzschloss der Grafen und Fürsten zu Stolberg-Wernigerode, das aufgrund seiner stilistischen Ähnlichkeit und der gleichen Entstehungszeit in der Epoche der Romantik auch »Neuschwanstein des Harzes« genannt wird. Im Gegensatz zu seinem weltbekannten bayerischen Original ist das Wernigeröder Schloss jedoch kein kompletter Neubau, sondern ein gewachsener, mehrfach veränderter Baukörper, dessen Ursprünge bis ins frühe 12. Jahrhundert zurückreichen. Die erste, im Jahr 1213 urkundlich erwähnte Burg wurde von den hier ansässigen Grafen von Wernigerode errichtet. Die Grafschaft, die sie beherrschten, umfasste neben dem Hauptort Wernigerode nur wenige Siedlungen, aber auch drei Klöster und ein Stift. Besonders die ertragreichen Klöster weckten die Begehrlichkeiten bei mächtigen Nachbarn, die im 13. und 14. Jahrhundert mehrfach versuchten, sich die Ländereien anzueignen. Namentlich das Hochstift Halberstadt und die Grafen von Regenstein setzten den Wernigeröder Grafen so zu, dass sie 1268 den reichsunmittelbaren Status ihres Territoriums aufgaben und sich zum besseren Schutz unter die Lehnshoheit der askanischen Markgrafen von Brandenburg stellten. Diese mittelalterliche Rechtsbeziehung sollte dann im 18. Jahrhundert die Grundlage für den politischen Eingliederungsprozess der Grafschaft Wernigerode in das Königreich Preußen bilden.

Als im Jahr 1429 das Geschlecht der Grafen von Wernigerode ausstarb, fiel die Grafschaft gemäß eines vorher vereinbarten Erbvertrags an die Grafen zu Stolberg. Die nur sporadisch als Ne-

Das Schloss im Winter, vom Agnesberg aus gesehen

benresidenz genutzte Burganlage erfuhr ab 1495 einige spätgotische Umbauten und wurde im 16. Jahrhundert in eine Renaissance-Festung umgewandelt. Eine neue Entwicklung begann 1645, als sich das Stolberger Grafenhaus in zwei Linien aufspaltete und die Ländereien in einen nördlichen Herrschaftsbereich mit dem Zentrum Wernigerode und einen südlichen Herrschaftsbereich mit dem Zentrum Stolberg aufgeteilt wurden. Graf Hein-

Im prunkvollen Festsaal speisten schon preußische Könige und deutsche Kaiser

rich Ernst zu Stolberg, der den Nordharzer Teil der Grafschaft erhielt, residierte jedoch nicht in Wernigerode, sondern in Ilsenburg, da das Wernigeröder Schloss im Dreißigjährigen Krieg schwere Beschädigungen erlitten hatte. Erst sein Enkel Graf Christian Ernst zu Stolberg-Wernigerode nutzte die Anlage nach einer barocken Umgestaltung als Residenz und machte Wernigerode damit nach fast 300-jähriger Unterbrechung wieder zum Sitz eines regierenden Grafenhauses. Mitte des 18. Jahrhunderts entschloss man sich zu einem kompletten Neubau. Von dem ursprünglich geplanten dreiflügeligen Ensemble kam allerdings nur der als Orangerie und Sommerdomizil genutzte Nordflügel zur Ausführung, da eine unsichere Finanzlage infolge des Siebenjährigen Krieges ein Bauvorhaben dieser Größenordnung nicht mehr zuließ. So musste die Grafenfamilie vorerst mit dem bisherigen Schloss vorlieb nehmen, und wahrscheinlich würde es auch heute noch in seiner alten Form auf Wernigerode hinunterblicken, wenn es nicht die herausragende Persönlichkeit des Grafen Otto zu Stolberg-Wernigerode, einer der mächtigsten Staatsbeamten und Vizekanzler des Kaiserreichs, gegeben hätte, der das Schloss in der zweiten Hälfte des 19. Jahrhunderts (ab 1862) noch einmal komplett im Stil des Historismus neugestalten sollte.

Da man außerdem auf die in der Vergangenheit notwendigen Verteidigungsanlagen verzichten konnte oder sie nur zu dekorativen Zwecken mit einbezog, konnten die historistischen Bauten vorrangig unter ästhetischen Gesichtspunkten gestaltet werden. Als nach 22 Jahren Bauzeit die Arbeiten beendet wurden, war ein wahrlich imposantes und in seinen Proportionen ausgewogenes Bauwerk entstanden, mit dem Otto sich und seiner Familie ein Denkmal setzte und der Stadt Wernigerode ein Wahrzeichen ersten Ranges schenkte. Beherrscht wird das vorwiegend mit neogotischen Elementen gestaltete Schloss durch den mächtigen, mit Spitzdach gekrönten Bergfried, von dem man einen atemberaubenden Blick auf das Schlossbergplateau und die darunterliegende Stadt genießen kann.

Graf Otto empfing hier nun hochrangige Gäste. Mehrmals lud er im Herbst Personen des deutschen Hochadels zur Treibjagd ein, unter ihnen der deutsche Kaiser Wilhelm I. und der Erbprinz Friedrich von Hohenzollern. 1896 verstarb Otto. Ihm folgte mit seinem Sohn Christian Ernst der zweite und gleichzeitig letzte Fürst zu Stolberg-Wernigerode. Unter diesem geriet das Fürstenhaus aufgrund einiger fataler wirtschaftlicher Fehlentscheidungen in eine existenzbedrohende Finanzkrise. Ende der zwanziger Jahre waren so hohe Schulden aufgelaufen, dass große Teile der umfangreichen Ländereien des Fürsten verkauft werden mussten. Da auch der Unterhalt des großen Schlosses auf Dauer nicht finanzierbar war, gab man es Anfang der dreißiger Jahre als Wohnsitz auf und machte es gegen Eintritt für die Öffentlichkeit zugänglich. Diese frühe museale Nutzung führte dazu, dass große Teile des hauptsächlich aus der Umbauphase stammenden Interieurs unangetastet und bis zum heutigen Tage erhalten blieben.

Nach dem Zweiten Weltkrieg wurde das Wernigeröder Schloss enteignet und in ein sogenanntes Feudalmuseum mit propagandistischer Couleur umgewandelt. Mit der Wiedervereinigung waren derartige Ansichten überholt, und die alte Ausstellung wich einer sachlicheren Darstellung der Geschichte des Hauses und des ansässigen Grafengeschlechtes. Seit Anfang der neunziger Jahre wird kontinuierlich an einer Wiederherstellung der authentischen Raumfassungen der einzelnen Räume auf dem Schloss gearbeitet. Grundlage dafür sind neben Fotos und anderem Quellenmaterial umfangreiche restauratorische Untersuchungen. Inzwischen sind über 30 Räume grundlegend restauriert. Diese mit kostbaren Möbeln und seltenen Tapeten eingerichteten Zimmer bilden das Kernstück des heutigen Besucherrundgangs, der mit dem prachtvollen Festsaal, in dem bis zu 120 Gäste bewirtet werden konnten, seinen Höhepunkt findet.

Kaminfigur mit Wappen des reußischen Fürstenhauses

Burg Wettin

Einst Stammsitz der mächtigen Wettiner

Auf einem steil abfallenden Porphyrfelsen erhebt sich malerisch die mächtige Burganlage von Wettin. Sie ist die Stammburg der Wettiner, eines Adelsgeschlechts, das wie kein zweites die Geschicke des mitteldeutschen Raumes mitgeprägt hat.

Ursprünglich besaßen die Wettiner, deren Stammbaum sich bis in das 10. Jahrhundert zurückverfolgen lässt, nur einige bescheidene Ländereien östlich von Halle. Ihr Aufstieg zur führenden Dynastie im Bereich der mittleren Elbe begann, als Anfang des 12. Jahrhunderts Konrad von Wettin von Kaiser Lothar mit der Markgrafschaft Meißen belehnt wurde.

Tatsächlich gelang es den Wettinern in den folgenden Jahrhunderten, ihren Machtbereich mehr und mehr zu erweitern. 1247 traten sie die Nachfolge der Ludowinger als Landgrafen von Thüringen an. 1423 fiel ihnen das Herzogtum Sachsen nebst der damit verbundenen Kurwürde zu, nachdem die Linie der askanischen Kurfürsten von Sachsen-Wittenberg erloschen war. 1485 kam es durch den Vertrag von Leipzig zu einer dynastischen Teilung der Wettiner, bei der eine albertinische Linie mit dem Zentrum Dresden und eine ernestinische Linie mit Territorien im Thüringer Raum entstanden. Während die ernestinische Linie durch weitere Erbteilungen dynastisch und territorial noch mehr zersplitterte, vermochten es die albertinischen Kurfürsten von Sachsen, ihre Macht zu erweitern. So trugen sie zeitweilig den polnischen Königstitel und stiegen in der napoleonischen Zeit zu Königen von Sachsen auf. Die Revolution von 1918/19 setzte der mehr als 800-jährigen Herrschaftsgeschichte des Adelsgeschlechts in Deutschland ein Ende. Auf internationaler Ebene jedoch sind die Wettiner dank ihrer zahlreichen Verwandtschaftsbeziehungen zu Europas Hochadel bis zum heutigen Tag präsent. So entstammen sowohl die englische Königin Elisabeth II. als auch der belgische König Philippe dem er-

Auf über 400 Meter Länge erstreckt sich die mächtige Burganlage am östlichen Ufer der Saale

nestinischen Herzogshaus Sachsen-Coburg-Gotha. Die Wettiner verkauften ihre Stammburg schon frühzeitig und gelangten seitdem nie wieder in ihren Besitz. Ursache war, dass sich Anfang des 13. Jahrhunderts das Zentrum der Wettiner Herrschaft nach Meißen hin verschob. Nachdem die Erzbischöfe von Magdeburg 1288 in den Besitz von Burg und Stadt gelangt waren, wandelten sie die Grafschaft in ein bischöfliches Amt um. In der Folgezeit wurde die Anlage mehrfach verpfändet und umgestaltet, sodass sich vom mittelalterlichen Baukörper nur mehr Teile der Ringmauern und einige Fundamente erhalten haben. 1606 hat man am Südende der Unterburg den sogenannten Winkelturm errichtet, der mit seinem markanten Schweifgiebel die heutige Burgansicht prägt. In preußischer Zeit wurden die bis dahin getrennt verwalteten Güter der Ober- und Unterburg zusammengefasst und in eine Domäne mit überwiegend landwirtschaftlicher Nutzung umgewandelt. Im 20. Jahrhundert wurde die Burganlage vorwiegend zu Wohnzwecken und als Bildungseinrichtung genutzt. Heute ist auf dem Gelände das Burg-Gymnasium Wettin mit seinem Fachbereich Kunst untergebracht.

Schloss Wittenberg

Ursprung der Reformation

Die im Osten des Bundeslands gelegene Lutherstadt Wittenberg geht auf eine Befestigung Albrechts des Bären zurück, die er im Zuge seiner Expansionspolitik um 1160 an der Elbe anlegen ließ. Zunächst deutsche Siedlungsinsel inmitten des von Slawen bewohnten Gebietes, entwickelte sich Wittenberg zu einer bevorzugten Residenz der Askanier. Durch die askanische Erbteilung von 1212 entstand die eigenständige Linie Sachsen-Wittenberg, auf die auch die alte sächsische Herzogswürde überging. An diese Würde war traditionell das Recht geknüpft, an der Wahl des deutschen Königs teilzunehmen, und so gelang es den Herzögen von Sachsen-Wittenberg, trotz ihrer geringen territorialen Ausstattung in den 1356 in der Goldenen Bulle festgeschriebenen exklusiven Kreis der sieben deutschen Kurfürsten aufzusteigen.

Wie begehrt dieser Titel war, zeigte sich, als nach dem Aussterben der askanischen Wittenberger Linie 1422 der Kaiser Sigismund das Herzogtum samt der Kurwürde den mächtigen Wettinern übereignete. Die Wettiner machten ihre Rangerhöhung schnell deutlich, indem sie ihren ursprünglichen Titel als Markgrafen von Meißen alsbald ablegten und sich fortan nur noch als Kurfürsten von Sachsen bezeichneten. Durch diesen politischen Vorgang »wanderte« der geografische Name Sachsen, der im frühen Mittelalter den Raum zwischen Nordsee und Harz bezeichnete, die Elbe hinauf bis in das Gebiet des Bundeslands, das heute diesen Namen trägt.

Wittenberg selbst konnte vom Wechsel der Herrscherdynastie zunächst nicht profitieren, da das Kurfürstentum nun vorwiegend von Meißen aus regiert wurde. Erst infolge der Leipziger Teilung, bei der sich die Wet-

Das Ergebnis einer ereignisreichen Baugeschichte – Schloss Wittenberg mit Schlosskirche und modernen Gestaltungselementen

tiner in eine ernestinische und eine albertinische Linie aufspalteten, gewann Wittenberg erneut an Bedeutung. Der ernestinische Kurfürst Friedrich der Weise machte die Stadt zur Hauptresidenz in seinem Herrschaftsbereich und ließ sie dafür umfassend ausbauen. Anstelle der alten askanischen Burganlage errichtete er ein dreiflügeliges Renaissanceschloss mit zwei mächtigen Rundtürmen an den Ecken des Haupttrakts. Den gesamten Nordflügel nimmt die 1499 gestiftete Schlosskirche ein, die durch Luthers Thesenanschlag von 1517 weltweite Bekanntheit erlangt hat.

Noch bedeutender als die wiedererlangte Residenzfunktion erwies sich für Wittenberg die Gründung einer eigenen Universität. Sie wurde 1502 konstituiert und konnte sich, vor allem durch das Wirken des seit 1512 als Theologieprofessor angestellten Martin Luther, innerhalb weniger Jahrzehnte zur führenden Universität im deutschsprachigen Raum entwickeln. Als Ausgangspunkt und geistiges Zentrum der Reformation gingen von ihr die entscheidenden Impulse aus, die zum Bruch mit der römischen Kirche und zur Gründung der evangelischen Kirche führten. Die kleine Stadt Wittenberg mit ihren zu dieser Zeit etwa 2.000 bis 2.500 Einwohnern stand somit am Anfang einer Entwicklung, an deren Ende die durch den Schmalkaldischen und den Dreißigjährigen Krieg blutig festgeschriebene Neuordnung der konfessionellen Landkarte Europas stand.

Die kurze, aber intensive kulturelle und geistesgeschichtliche Blütezeit Wittenbergs endete mit der Übertragung des Herzogtums an den albertinischen Zweig der Wettiner und der damit verbundenen Verlegung der kurfürstlichen Residenz elbaufwärts nach Dresden im Jahr 1547. Wittenberg rückte dadurch an die Peripherie und in eine gefährliche Grenzlage zum späteren Königreich Preußen.

Während des Siebenjährigen Krieges besetzten preußische Truppen die Stadt, die 1760 bei einer Belagerung durch Reichstruppen schwer beschädigt wurde. Auch das Schloss und die Schlosskirche waren dabei starkem Kanonenbeschuss ausgesetzt und brannten bis auf die Grundmauern nieder, wodurch wertvolle Teile ihrer Innenausstattung verlorengingen. Bis 1770 fand eine notdürftige Wiederinstandsetzung der Anlage statt, die jedoch nur von kurzer Dauer sein sollte. Im Verlauf der napoleonischen Befreiungskriege kam es 1814 zu einer Erstürmung der Stadt durch preußische Truppen, bei der die Schlosskirche erneut einem Feuer zum Opfer fiel.

Das Schloss selbst wurde, nachdem Wittenberg im Ergebnis des Kriegs an Preußen gefallen war, zu einer Zitadelle ausgebaut und verlor darüber nahezu seinen gesamten historischen

Bauschmuck. Sein heutiges Aussehen erhielt das Ensemble in der letzten großen Umbauphase ausgangs des 19. Jahrhunderts, bei der die Schlosskirche vom Architekten Friedrich Adler in den Formen der Neogotik erneuert wurde. Zusätzlich erhielt sie den mächtigen, 88 Meter hohen Kirchturm, der – auf dem Stumpf des alten Schlossturms errichtet – seitdem als weithin sichtbares Wahrzeichen das Stadtbild Wittenbergs prägt.

Aufgrund ihrer herausragenden, geschichtlichen Bedeutung wurde die Schlosskirche zusammen mit dem Lutherhaus, dem Melanchthonhaus und der Stadtkirche 1996 zum Weltkulturerbe der UNESCO erhoben. Besucher können in ihrem Inneren das Grab Luthers und die letzte Ruhestätte eines weiteren Reformators, Philipp Melanchthons, besichtigen.

Die Schlosskirche Wittenberg – Ort des Thesenanschlages und Ausgangspunkt der Reformation

Im Rahmen des 500. Jubiläums des Thesenanschlages Luthers wurde der gesamte Komplex von 2013 bis 2018 umfassend saniert, restauriert sowie konzeptionell verändert. Einige Bestandteile wie die beiden Treppenhäuser blieben erhalten, während die Fassade und die Dachkonstruktion für eine moderne Interpretation des Kernbaus stehen und ihr die Anmutung eines zeitgenössischen Museums verleihen. In den oberen der vier Etagen ist die Forschungsbibliothek zur Reformationsgeschichte unterbracht, und im Erdgeschoss befindet sich ein Informations- und Begegnungszentrum für die Welterbestätte Schlosskirche. Mit dem Abschluss der Umbaumaßnahmen präsentiert sich der geschichtlich so bedeutsame Schlossbau als visuell und kulturell spannendes Gesamt-Ensemble, welches für die Besucherströme der nächsten Dekaden gut gerüstet ist und dem historischen Ort des Ausgangspunktes der Reformation einen würdigen Rahmen bietet.

Schloss Zerbst

Vernichtete Pracht

Einen erbarmungswürdigen Anblick bieten die übriggebliebenen Reste des ehemaligen Residenzschlosses der Fürsten von Anhalt-Zerbst. Nur mehr die ausgebrannte Ruine des Ostflügels kündet von der stolzen Barockanlage, die einst die größte und bedeutendste in ganz Anhalt gewesen ist.

Zerbst wird 948 in der Gründungsurkunde des Bistums Brandenburg durch Otto I. erstmalig erwähnt. Nach der Eroberung durch den Polenherzog Bolesław Chrobry im Jahr 1007 versank Zerbst zunächst für fast zwei Jahrhunderte im Dunkel der Geschichte. 1196 taucht Zerbst als askanischer Burgward wieder in den Quellen auf, die Stadt selbst war zunächst Reichsbesitz. Erst 1319 konnten die anhaltischen Askanier die vollständige Lehnshoheit über Zerbst erlangen. Im Folgenden war Zerbst für Jahrhunderte die größte und bedeutendste Stadt in Anhalt, erst im ausgehenden 19. Jahrhundert wurde sie in dieser Position von Dessau abgelöst. Die Grundsteinlegung des Zerbster Schlosses erfolgte am 31. Mai 1681 unter dem regierenden Fürsten Carl Wilhelm. Der niederländische Baumeister Ryckwaert entwarf eine mächtige Dreiflügelanlage mit zunächst Hauptflügel, der Corps de logis (1696) und Westflügel (ab 1703) sowie der in ihm integrierten Schlosskapelle mitsamt der fürstlichen Gruft. Mit einem Turmaufsatz auf dem Mittelrisalit des Hauptflügels sowie dem erst 1746 als Rohbau vollendeten Ostflügel erhielt das Schloss seine endgültige äußere Form. Zu einem vollständigen Innenausbau des Ostflügels kam es aufgrund von politischen Verwicklungen des antipreußisch eingestellten Zerbster Fürsten Friedrich August nicht mehr. Friedrich August, der jüngere Bruder der inzwischen zur Zarin Katharina II. aufgestiegenen ehemaligen Zerbster Prinzessin Sophie Auguste Friederike, floh 1758 vor dem Preußenkönig Friedrich II. ins Exil nach Basel. Mit seinem Tod 1793 erlosch die Linie Anhalt-

Die heute als Veranstaltungszentrum genutzte einstige Reithalle

Zerbst. Die Stadt Zerbst mitsamt dem Schloss fiel durch ein Losverfahren an Anhalt-Dessau. Die neue Herrscherfamilie, die sich nur selten in der seit Jahrzehnten verwaisten Anlage aufhielt, nutzte ab 1872 die Räumlichkeiten zur Unterbringung des »Herzoglichen Haus- und Staatsarchivs«. Nach der Abdankung des letzten Dessauer Regenten 1918 wurde das Schloss von einer Kulturstiftung übernommen, die es für den Aufbau eines anhaltischen Landesmuseums nutzen wollte. Im Jahr 1921 eröffnete das Schlossmuseum. Ein amerikanischer Bombenangriff am 16. April 1945 vernichtete etwa 80 Prozent der Altstadt von Zerbst. Auch das Schloss westlich der Altstadt wurde ein Opfer dieses Luftangriffs. Es brannte vollständig aus, Teile des Nord- und Westflügels stürzten in sich zusammen. Beide wurden nach Kriegsende abgetragen, sodass nur die Ruine des Ostflügels erhalten blieb. Etwas weniger trostlos erscheint dagegen der sie umgebende weitläufige Renaissance-Schlosspark, der im frühen 18. Jahrhundert erweitert und um eine Reihe von Gebäuden im Barockstil ergänzt wurde. In der ehemaligen, aufwendig sanierten Reithalle ist heute die Stadthalle Zerbst mit ihrem besonderen Prunkstück – dem barocken Katharina-Saal – untergebracht.

Personenregister

Autor und Verlag bedanken sich bei allen Institutionen für die Mitarbeit an der Aktualisierung des Bildbandes. Für die Gewährung von Abdruckgenehmigungen für Innenaufnahmen gilt Burg und Schloss Allstedt, der Kulturstiftung Sachsen-Anhalt, dem Förderverein Schloss Mansfeld e. V., der Deutschen Stiftung Denkmalschutz, Schloss Veltheimsburg sowie der Schloss Wernigerode GmbH besonderer Dank.

Fotografien von Henrik Bollmann, außer
Christoph Jann, ©Kulturstiftung Sachsen-Anhalt: S. 48
Holger Schwarz: S. 111
Daniel Reißner: S. 66
Falk Seidensticker: S. 67

Umschlagabbildungen
vorn: Schloss Wernigerode®
hinten oben: Schloss und Stadtkirche Wörlitz
hinten unten (von links nach rechts): Schloss Merseburg, Schloss Hundisburg, Burg Falkenstein

Bibliografische Information der Deutschen Nationalbibliothek
Die Deutsche Nationalbibliothek registriert diese Publikation in der Deutschen Nationalbibliografie; detaillierte bibliografische Daten im Internet unter http://d-nb.de.

www.mitteldeutscherverlag.de

Gesamtherstellung: Mitteldeutscher Verlag, Halle (Saale)
Korrektorat: André Schinkel, Halle (Saale)

ISBN 978-3-96311-224-9

Printed in the EU